AF452211

LA VIE

D'UNE

COMÉDIENNE

DRAME EN CINQ ACTES ET HUIT TABLEAUX

PAR

MM. ANICET-BOURGEOIS ET THÉODORE BARRIÈRE

Représenté pour la première fois, à Paris, sur le théâtre de
la Porte–Saint-Martin, le 22 mars 1854.

MICHEL LÉVY FRÈRES, LIBRAIRES-ÉDITEURS

RUE VIVIENNE, 2 bis.

1854

DISTRIBUTION DE LA PIÈCE.

LE COMTE KARL DE RUDENTZ. . . . . MM. LUGUET.
LE MARQUIS EMILE DE RUDENTZ, son cousin.   AMBROISE.
GEORGES, médecin . . . .   ALFRED BARON.
St-PHAR, crispin de la Comédie-Française. .   BOUTIN.
LINDOR, danseur. . . . .   COLBRUN.
DE BRIONNE. . . . .   FEBVRE.
DE FLASSAN. . . . .   ADOLPHE PAER.
LE COMTE BORILOFF. . . . .   ADLER.
CELICOURT, acteur de la Comédie-Française.   CHARLY.
FIRMIN, valet. . . . .   BOUSQUET.
BERNARD, propriétaire. . . . .   PAUL GENET.
MICHEL, inspecteur de la prison. . . . .   EDOUARD.
UN INTENDANT. . . . .   DORVILLE.
UN RÉGISSEUR. . . . .   VISSOT.
UN GEOLIER. . . . .   BRUEL.
UN AGENT. . . . .   LANSOY.
JOSEPH, valet. . . . .   HENRY.
OLYMPE, actrice de la Comédie-Française,
   plus tard comtesse de Rudentz. . . . .   Mmes EMILIE-GUYON.
ROSE MICHON, sa sœur . . . .   DELPHINE BARON.
CLARA, femme de chambre d'Olympe. . .   ALPHONSINE.
LA COMTESSE DOUAIRIÈRE DE RUDENTZ,
   mère de Karl. . . . .   ABIT.
LOUISE, ouvrière cordonnière . . . . .   ADRIENNE.
ESTHER, danseuse. . . . .   MÉRANTE.
NANINE, danseuse. . . . .   BARRAULT.
DENISE. . . . .   ULRIC.

SEIGNEURS, DAMES, GARDES, PEUPLES, etc., etc.

Les Auteurs de LA VIE D'UNE COMÉDIENNE remercient cordialement tous les Artistes qui leur ont si chaleureusement prêté leur concours. C'était un peu leur cause qu'ils avaient à plaider et ils l'ont vaillamment gagnée. Les Auteurs ajouteront que Mme Émilie-Guyon avait été pour eux un pur et beau modèle avant d'être une admirable interprète.

S'adresser pour la mise en scène à M. Daudel, régisseur général; pour la musique de la chanson du 4e acte, à M. Gondois, compositeur et chef d'orchestre au théâtre de la Porte-Saint-Martin.

LA VIE D'UNE COMÉDIENNE

ACTE I.

Premier Tableau (1787).

Chez Olympe. — Un salon très élégant avec pans coupés. — Grande porte au fond. — Portes latérales. — Dans le pan coupé de droite est une fenêtre donnant sur une cour. — Sur le devant, et du même côté, un canapé, avec un guéridon à moitié caché par une chaise qui se trouve devant. — Une sonnette sur le guéridon. — Au pan coupé de gauche, est une riche cheminée garnie, des fauteuils devant. — Une console est placée au plan au-dessus de celui où se trouve la cheminée.—Sur la console tout ce qu'il faut pour écrire.

SCÈNE PREMIÈRE.

CLARA, LINDOR, puis **JOSEPH,** ensuite **FIRMIN.** (Au lever du rideau, Lindor un petit violon à la main (dit Pochette) donne une leçon de danse à Clara, qui, après quelques attitudes, prête l'oreille au fond.)

CLARA, vivement à Lindor, en le poussant vers la porte de droite.

Vite! vite, cachez-vous! (Lindor disparaît. — Un valet entre et dépose un carton à droite.)

JOSEPH.

Mademoiselle Clara, voici des fleurs pour madame.

CLARA.

Des fleurs... on les accepte toujours. C'est bien. (Le valet sort.)

LINDOR, entr'ouvrant la porte.

Puis-je sortir?

CLARA

Oui! non! (Elle lui jette vivement la porte au nez. Joseph vient de nouveau se présenter au fond.)

JOSEPH.

Mademoiselle Clara, c'est le bijoutier de madame... il apporte des diamants.

CLARA.

Des diamants, c'est autre chose, qu'il revienne! (Le valet sort.)

LINDOR, même jeu.

Ah! cette fois...

CLARA, même jeu.

Ah! (Elle referme encore la porte. Un deuxième valet paraît à gauche.)

FIRMIN.

Mademoiselle, voici une lettre pour madame, elle arrive du

Théâtre-Français. Il paraît qu'on vient de recevoir un ordre de la cour. Sa Majesté la reine assistera à la représentation de ce soir.

CLARA.

Est-ce que le spectacle est changé ?

FIRMIN.

Oui, mademoiselle. Sa Majesté a demandé *Andromaque*.

CLARA.

Andromaque ! et madame qui croyait ne pas jouer ce soir... Firmin, madame est au bois, montez vite à cheval et courez la prévenir. (Le valet sort.)

LINDOR, sortant définitivement de sa cachette.

Ah ! ma foi !... il en arrivera ce qui pourra. C'est trop humiliant pour un sujet dansant du Théâtre-Français de s'éclipser ainsi devant de la valetaille. Eh ! Palsambleu, ma chère, on a un maître de danse ou on n'en a pas.

CLARA.

Ne vous fâchez pas, monsieur Lindor, ça ne durera pas toujours... et bientôt, je l'espère, je n'aurai plus besoin de me cacher pour recevoir vos leçons.

LINDOR, avec malice.

Oh ! si !... nous nous cacherons encore, nous nous cacherons toujours.

CLARA, avec fierté.

Monsieur !

LINDOR.

Voyons, Clara, causons un peu. Vous êtes la plus jolie femme de chambre d'actrice qui soit jamais entrée dans les coulisses de la Comédie-Française. Sous votre petit costume, si simple et si modeste je vous ai devinée, et je vous laisserais à l'antichambre ! Non, pas ! Pour éclipser nos plus fières Junons, que vous faut-il ? pauvre petite violette, rien que du fard, une jupe de gaze et des maillots, puis un peu de talent.

CLARA.

Du talent, vous m'en donnerez, monsieur Lindor.

LINDOR.

Oui, Clara, vous n'êtes encore qu'une nymphe imparfaite, je vous donnerai des ailes, ô ma Terspsichore ! Dites un mot, et ce soir, à la sortie du spectacle, votre Apollon vous enlève et vous installe dans son Olympe, un ravissant petit quatrième, carrefour Bussy, numéro sept.

CLARA, soupirant à elle-même.

Ah ! c'est bien haut.

LINDOR.

Heim ? Est-ce que mon amour vous fait peur ?

CLARA.

Non, c'est le petit quatrième... Tenez, monsieur Lindor, vous n'êtes pas mal, vous ne me déplaisez pas, au contraire, mais ça n'est pas le carrefour Bussy que je rêve... c'est un hôtel, avec un salon doré, et un boudoir blanc et rose... enfin, des financiers, des ambassadeurs, des princes qui seraient à mes pieds comme ils sont aux pieds de madame. Seulement, madame les reçoit tous ensemble ; moi, je n'aime pas la foule. Quand ces pauvres grands seigneurs lui offrent des fleurs et des diamants, elle ne prend que les fleurs et ça les attriste ; moi, je prendrais tout pour leur faire plaisir.

LINDOR, à part.

Peste! quelles dispositions! (Haut.) Mais dans votre brillant hôtel, vous m'oublieriez, moi, votre créateur.

CLARA.

Je ne sais pas.

LINDOR, avec sentiment.

Clara, je le sens, vous deviendrez ingrate.

CLARA, avec chagrin.

J'en ai peur!

LINDOR.

Oh !

CLARA.

Écoutez donc, l'amour, c'est bien gentil, mais la fortune, c'est si beau ! Oh! si j'étais à la place de madame, qui n'a rien que ses appointements, j'aurais déjà un million, je ne sais pas comment, mais je l'aurais.

LINDOR.

Et puis, après ?

CLARA.

Après? je tàcherais d'en avoir deux.

LINDOR.

Après?

CLARA.

Après, je crois que j'en voudrais trois.

LINDOR.

Et puis, toute la vie comme ça, alors?

CLARA, affirmativement.

Et puis, toute la vie comme ça.

LINDOR, serrant son violon, à part.

Oh! la vilaine petite nature! Mais, bah. la femme est si jolie.

CLARA.

Ah ! monsieur Lindor ! si vous étiez seulement un millionnaire anglais ou un prince russe.

LINDOR.

Ne connaissant ni l'auteur de mes jours, ni le lieu de ma naissance, je suis peut-être Russe ou Anglais.

CLARA.

Oui, mais malheureusement, vous n'êtes ni millionnaire, ni prince.

LINDOR.

Je ne crois pas.

CLARA.

Et toutes les nuits, en rêve, je me vois enlever dans une belle chaise de poste par un grand seigneur, je ne sais pas où il me conduit, mais pour sûr, ce n'est pas au carrefour Bussy, à un pet.t quatrième.

LINDOR, à part.

De l'esprit, de la beauté, et pas de cœur ; vo'là une drôlesse qui ira loin ; si je la laisse échapper, je ne la rattraperai jamais.

JOSEPH, entrant.

Mademoiselle... il y a là une jeune femme qui dit qu'elle vient de la part de madame.

CLARA.

Faites-la entrer. (A Lindor.) Et vous, partez vite.

LINDOR.

A ce soir, au théâtre... car vous irez habiller votre maîtresse, n'est-ce pas ?

CLARA.

Sans doute... à moins que...

LINDOR.

Quoi, donc ?

CLARA, riant.

A moins que je ne rêve tout éveillée. (Elle le pousse par la gauche. Rose Michon paraît au fond.)

SCÈNE II.

CLARA, ROSE.

ROSE, entrant avec précaution et regardant à ses pieds.

Oh ! que c'est joli ! Est-ce qu'on peut marcher là-dessus ?

CLARA.

Oui, oui, ne vous gênez pas. (A elle-même.) J'en aurai de bien plus beaux que ça. (Haut, avec protection.) Qu'est-ce qu'il y a pour votre service, petite ?

ROSE, riant, à part, en regardant Clara.

Oh ! oh ! petite !... (Haut.) Est-ce que ce n'est pas vous qui êtes la femme de chambre ?

CLARA.

Oui, eh bien ?

ROSE, avec affectation.

Eh bien, petite... Tout à l'heure, en traversant les Champs-Élysées, je me suis trouvée, je ne sais comment, devant une belle cavalcade, quand je dis devant, c'est une manière de parler, car j'étais dessous.

CLARA.

Ah ! mon Dieu !

ROSE.

Ah ! je n'ai pas eu de mal, ces beaux messieurs et ces belles dames sont bien adroits, et leurs bêtes aussi !... Ils se sont arrêtés, quelques-uns ont mis pied à terre ; et la dame qui paraissait la reine des autres m'a prise à part... elle s'est bien assurée que je n'avais rien de cassé, et puis, elle a voulu me fourrer sa bourse dans ma poche, j'ai refusé.

CLARA.

D'où sortez-vous donc ?

ROSE.

Eh ! du magasin de monsieur Michon, mon mari, cordonnier pour dames, rue de la Boucherie, et ça n'est pas ici, allez.

CLARA.

Eh bien, enfin, est-ce que madame vous a donné sa pratique, par hasard ?

ROSE.

Comment, par hasard ? qu'est-ce qu'il y aurait d'étonnant ?... Monsieur Michon est un bon ouvrier, il travaille rudement, et quand il a mis la main à quelque chose... vous en avez pour vos six mois.

CLARA.

Ma maîtresse use une paire de souliers par jour...

ROSE.

Elle marche donc sur des lames de rasoir. Ah ! après ça, on lui en fera qui ne dureront rien, si elle veut y mettre le prix... Enfin, le fait est que votre belle dame de maîtresse, quand je lui ai eu dit mon nom, m'a tout de même embrassée, et qu'elle m'a priée d'aller l'attendre chez elle, rue de la Comédie, numéro quinze. C'est bien ici, n'est-ce pas ? mademoiselle Olympe, artiste de la Comédie-Française.

CLARA.

Oui.

ROSE.

Eh bien, je suis venue, me v'là, et j'attends.... Vous me permettrez bien de m'asseoir un brin, n'est-ce pas ? (On entend du bruit au fond.)

CLARA, qui regarde.

Oh ! ma petite, vous ne pouvez pas attendre ici, car voilà des visiteurs pour madame, et ils se dirigent de ce côté.

ROSE, *regardant aussi.*

Oh ! les beaux messieurs, comme ils sont ben habillés, ben chaussés, surtout !... Oh ! monsieur Michon fait solide, mais il ne travaille pas comme ça.... Qu'est-ce qu'ils viennent donc faire ici ?

CLARA.

Ils viennent faire leur cour à madame.

ROSE.

Tant de monde que ça ?

CLARA.

Oui.

ROSE, *riant.*

Ça m'ennuierait, moi.

CLARA.

Allez ! allez, je vous préviendrai quand madame sera revenue.

ROSE.

Merci bien, mam'zelle !... (A part, en sortant.) C'est égal, c'est drôle ! tant d'amoureux que ça... c'est pour rire, alors... j'en ai jamais eu qu'un, monsieur Michon, mais c'était pour de bon. (Elle sort par la gauche, les autres paraissent au fond.)

SCÈNE III.

CLARA, KARL, DE RUDENTZ, BORILOFF, DE BRIONNE, DE FLASSAN. (Tous entrent en causant, Boriloff et Karl sont ensemble ; Karl va près de la cheminée.)

BORILOFF.

Je vous assure que vous êtes triste, mon cher comte... Je vous voyais hier au théâtre, et vous aviez déjà ce sombre visage-là. Votre regard n'a paru s'animer un peu qu'à l'entrée de notre belle comédienne. Est-ce que vous êtes amoureux ? Mais en ce cas, êtes-vous bien sûr d'être le plus riche de nous tous ?

KARL, *avec une sorte de colère.*

Monsieur le baron !

BORILOFF.

Est-ce que ce n'est pas en France comme en Russie ?...

DE FLASSAN.

Mais, non, monsieur Boriloff, ces dames deviennent ina-bordables.... Et, tenez, c'est ce que je disais à monsieur de Brionne : notre belle Olympe a résisté à la pluie d'or de monsieur de Montbarrey... L'ex-ministre a été moins heureux que Jupiter, ou notre Olympe plus vertueuse que Danaé. (Karl a quitté le groupe et a été parler à Clara.)

CLARA, *à demi-voix.*

Monsieur le comte, ma maîtresse ne tardera pas à rentrer.

BORILOFF.

Est-ce que pour dompter ces vertus sauvages, vous n'avez pas le fort l'Evêque.

DE FLASSAN.

Peste, comme vous y allez, monsieur le baron, nous ne sommes pas à Moscou, ici. (Il va s'asseoir devant la cheminée.)

DE BRIONNE, assis à droite.

Est-il vrai que monsieur de Vergennes quitte les affaires étrangères?

BORILOFF.

Oui, messieurs, et c'est monsieur le comte de Montmorin qui le remplace. (Riant.) Il est assez bizarre que ce soit moi, un Russe, qui vous apprenne les nouvelles de votre pays.

DE BRIONNE.

C'est si peu intéressant!... cela, et l'arrivée des notables à Versailles.

BORILOFF.

Ah! prenez-y garde, messieurs, méfiez-vous de ces gens là... Si vous les laissez faire, ils tueront les priviléges.

DE FLASSAN.

Laissez donc.

DE BRIONNE.

Parbleu! ne demandent-ils pas l'égalité des droits nationaux?

DE FLASSAN.

C'est à mourir de rire. (Tous rient.)

BORILOFF, riant aussi.

Riez-en donc, messieurs, vous êtes chez vous. (Se retournant.) Quel est ce brave homme? et que cherche-t-il?

DE FLASSAN.

Serait-ce un notable? (On rit.)

SCÈNE IV.

LES MÊMES, SAINT-PHAR.

SAINT-PHAR, apercevant Clara qui sort de la porte de droite et qui se dirige vers le fond.

Ah! mademoiselle Clara. Est-ce qu'Olympe n'est pas rentrée?

CLARA.

Non. (Elle remonte.)

TOUS.

Olympe!

DE FLASSAN, se levant.

Monsieur serait-il le père ou l'oncle de notre Melpomène?

SAINT-PHAR, saluant.

Mais à peu près, monsieur.

KARL a été à Saint-Phar et lui a pris la main.

Bonjour, Saint-Phar.

1.

DE BRIONNE, se levant.

Eh! messieurs, c'est le bonhomme Saint-Phar, le crispin de la comédie, le dernier héritier des Poisson. Bonjour, bonjour, Saint-Phar; nous ne vous avions pas reconnu d'abord.

SAINT-PHAR.

Ah! le costume, ça vous change beaucoup...

DE BRIONNE.

Et pourtant, hier nous étions au théâtre, et nous avons applaudi comme des bourgeois.

SAINT-PHAR, avec orgueil.

Vous avez été contents... C'est beau, n'est-ce pas?

DE BRIONNE, souriant.

Délicieux, monsieur Saint-Phar, dans *les Fourberies* surtout.

SAINT-PHAR.

Dans *les Fourberies*, qui ça? Olympe?

DE BRIONNE.

Ah! pardon!... vous me parliez?...

SAINT-PHAR.

Mais d'elle... de mon élève... Car, c'est mon élève. Quant à moi... est-ce qu'on s'occupe de ça? Je ne suis qu'une doublure... je remplace les grands quand ils sont las, moi, je suis bon pour faire attendre la célèbre actrice... pour jouer en lever de rideau. quand il n'y a encore personne... mais parfois, ça sert à quelque chose. Ainsi, quand Olympe est en retard, je traine un peu... je répète mes phrases... Un jour, j'ai recommencé tout une scène, on a cru que je manquais de mémoire, on m'a sifflé, mais Olympe n'a pas manqué son entrée, et on l'a applaudie. (On rit.)

DE BRIONNE.

Bon monsieur Saint-Phar. (Il passe à gauche près de Boriloff et de Flassan.)

SAINT-PHAR, s'adressant à eux.

Je ne pourrai bientôt plus lui rendre ces petits services-là, je me fais vieux.. il y a des jeunes gens derrière moi qui me poussent, et on me met à la retraite.... Une petite pension pour vivoter, et le droit d'entrer au théâtre où elle joue... Le droit d'occuper un petit coin pour l'entendre, pour pleurer tout à mon aise quand on la couvre de bravos et de fleurs. (Il pleure; riant.) Excusez, messieurs, mais c'est plus fort que moi... Figurez-vous que quand je joue et qu'il faut pleurer, je ne peux pas... mais pas du tout, et quand ma fille est en scène, je pleure au contraire tout le temps, même quand il faudrait rire. (On rit..)

SAINT-PHAR, riant aussi,

C'est vrai. C'est drôle!... les vieilles gens, ça a comme ça des manies... et une de mes manies à moi, c'est d'adorer mon Olympe !

BORILOFF, sur le devant à gauche.

Vous êtes le parent de mademoiselle Olympe... A quel degré ?

SAINT-PHAR.

A quel degré ?... à cinquante, monsieur. (Touchant son cœur.) De là, du moins, mais devant la loi, ah ! dame, je ne suis rien du tout, qu'un brave homme qui a trouvé un trésor, et à qui on pourra le reprendre, sans même lui devoir une récompense honnête. (Il essuie une larme.)

DE BRIONNE, avec intérêt.

Racontez-nous donc cela, monsieur Saint-Phar... Croyez que nous nous intéressons à tout ce qui touche notre grande artiste.

SAINT-PHAR.

Oui, n'est-ce pas? Oh ! je veux bien... j'aime tant à parler d'elle. J'ai conté cette histoire-là à tout le monde... et souvent le soir... Quand je la regarde de la coulisse par quelque trou, que je fais avec n'importe quoi dans un décor, tout neuf, quelquefois, ça m'est égal, il m'arrive de prendre à part le garde de service, et de lui dire comme ça : Vous voyez bien cette belle créature-là; eh bien, il y a dix ans, ça n'en avait que quatorze; et ça ramassait déjà sa vie sous la pluie et dans la neige. Ah ! je me souviens du soir où je l'ai rencontrée, la pauvre petite abandonnée, il faisait bien froid, et elle s'en allait toute grelottante, tête nue, ses longs cheveux noirs pleins de givre et sa guitare sur le dos. Elle fredonnait sa petite chanson qui lui gelait aux lèvres, et de temps en temps, elle s'arrêtait aux boutiques et regardait au travers des vitres le bon feu où se chauffaient des enfants comme elle... C'était le jour de Noël, je m'en souviens; et elle n'était pas sûre d'avoir le lendemain un morceau de pain dans son petit soulier. Je l'avais suivie... Je jouais en dernier ce jour-là.... J'ai même été en retard, on m'a mis à l'amende, et ça m'a coûté dix écus.... Je l'avais suivie, comme on venait de la renvoyer du café Procope, sans lui laisser le temps d'achever sa chanson, et qu'elle s'en allait en pleurant tout bas, je l'abordai... elle eut peur de moi d'abord, la chère petite, mais comme la neige tombait plus fort, et qu'elle avait plus faim, elle se laissa conduire; une heure après, je faisais avec elle-même mon entrée à la Comédie-Française. Depuis ce temps, mon Olympe n'a plus eu froid, elle a mangé tous les jours. (Il essuie une larme ; Boriloff va froidement à lui, lui donne une poignée de main et passe à droite.)

KARL.

Vous avez fait une bonne action, monsieur Saint-Phar.

DE BRIONNE et DE FLASSAN, à la droite de Saint-Phar.

Une bonne action, monsieur Saint-Phar.

SAINT-PHAR.

Ah! Dieu, messieurs!... j'en suis bien payé, puisque mon enfant trouvée est devenue une grande comédienne. Ah! ça n'a pas été sans peine: l'enfant était belle, mais elle était honnête, il lui a donc fallu prendre le plus long pour arriver. Ma protection était si peu de chose... J'avais beau dire elle a du talent, elle a du génie... On regardait son pauvre petit casaquin rapiécé et on la laissait dans son coin, on ne lui jetait à ronger que les bouts de rôle dont personne ne voulait. Ça a duré dix ans, ça aurait duré toujours comme ça, si l'année dernière, mademoiselle Sainval cadette ne s'était pas trouvée malade, le jour même de la représentation. C'était un dimanche, la salle était comble et chez nous on n'aime pas à rendre l'argent qu'on tient, on devait donner *Horace*, et Camille manquait! je me mets à crier : l'enfant sait le rôle... elle est toute prête... On hésite, mais Olympe était si fièrement superbe sous son costume, qu'on prend confiance; on propose l'échange au public, il grogne d'abord, il grogne toujours; heureusement, il pleuvait ce soir-là, tout le monde reste, j'embrasse mon Olympe, et à sa réplique je la lance en scène... Elle était tremblante comme la feuille, elle chancelle, je crois qu'elle va tomber... Mais sa beauté avait produit son effet. Olympe n'avait pas parlé, qu'elle avait réussi, on l'applaudit, on l'encourage, elle est sublime, et quand elle rentre triomphante dans la coulisse, elle se heurte contre quelque chose qui était là parterre, c'était moi... je m'étais trouvé mal de bonheur. (Boriloff qui se trouve près de lui, lui frappe sur l'épaule et lui donne une autre poignée de main, toujours froidement.)

DE BRIONNE.

Et c'est à vous qu'elle doit tout.

SAINT-PHAR.

Oh! elle s'est déjà bien acquittée; tenez, dans quelques jours, par exemple, j'ai une représentation à mon bénéfice. Eh bien, je viens demander à ma fille d'ajouter, en jouant, cinq mille livres aux quinze cents que je ferais si elle ne jouait pas.

DE BRIONNE.

Mademoiselle Olympe y consentira, n'en doutez pas, monsieur Saint-Phar.

SAINT-PHAR, avec confiance.

Mais je n'en doute pas non plus, monsieur.

KARL, avec émotion.

Ah!... (A demi voix.) Elle aime beaucoup le théâtre, n'est-ce pas?

SAINT-PHAR.

Mais c'est sa vie, et elle ne le quitterait pour rien au monde.

KARL.

Pour rien au monde?

CLARA, entrant, elle tient un paquet de lettres.

Messieurs, messieurs ! voici madame... elle entre à cheval dans la cour.

TOUS.

Ah ! voyons !... voyons !... (Ils s'élancent vers la croisée.)

BORILOFF.

Oui, messieurs, c'est bien elle !... elle est charmante sous ce costume. (Battant des mains.) Bravo Olympe ! bravo !

TOUS, battant des mains.

Bravo !

SAINT-PHAR, à part, sur le devant à droite.

Ce que c'est pourtant, quand l'enfant n'avait que sa guitare, pas un de ces beaux messieurs ne lui eût jeté un petit écu.

DE BRIONNE, à l'entrée du fond.

La voilà ! la voilà ! (Tous font la haie, Olympe paraît au fond, elle est en costume de cheval.)

SCÈNE V.

LES MÊMES, OLYMPE.

OLYMPE.

Bonjour, messieurs. Vous m'attendiez... vous aviez tort, je n'ai pas même le temps de vous regarder... Sa Majesté nous honore ce soir de sa visite. Elle a demandé *Andromaque*, et il faut que je repasse mon rôle d'Hermione... j'arrive à franc étrier pour cela, je vous mets donc tous à la porte.

CLARA, près de la cheminée, devant Olympe, lui remettant les lettres.

Des lettres pressées, madame, dont on attend les réponses.

BORILOFF, s'avançant.

Eh ! quoi, belle inhumaine !

OLYMPE, riant.

Monsieur le baron, si je suis une inhumaine, vous, vous êtes un barbare, nous n'avons rien à nous reprocher. (Tous rient.)

DE BRIONNE.

Nous avions pourtant bien des choses à vous dire.

OLYMPE.

Eh bien, monsieur de Brionne, prenez-en note et apportez-moi cela ce soir dans un entr'acte. (A Clara.) Tu prépareras mes costumes, entends-tu ?

CLARA.

Oui, madame.

KARL, s'approchant.

Madame, il faut pourtant que je vous parle.

OLYMPE, lisant toujours.

Oh ! pour vous, mon cher comte, c'est encore plus difficile que

pour tout autre. (Avec un gracieux sourire.) Je vous écouterais trop longtemps.

KARL.

Aimez-vous mieux que j'écrive ?

OLYMPE, montrant Clara qui est baissée près de la cheminée et qui jette au feu toutes
les lettres qu'elle déchire.

Voici comme je réponds, croyez-vous que ce soit engageant ?

KARL, bas.

Permettez-moi d'attendre là dans votre salon... je viendrai
quand vous m'appellerez.

OLYMPE, riant.

Et si je vous oublie ?

KARL, bas.

Vous me brisez le cœur, madame.

OLYMPE, qui vient de parcourir une lettre, à part.

Ah ! c'est de lui !

KARL, avec jalousie.

De lui ? (Il veut prendre la lettre.)

OLYMPE, sévèrement.

Monsieur le comte !...

KARL.

Pardon !

OLYMPE, avec bonté.

C'est d'un ami... jaloux !

KARL.

Merci ! Soyez donc tout-à-fait bonne !

OLYMPE.

Et bien, voyons, attendez.
(Karl s'incline et remonte. Boriloff descend à gauche sur le devant, puis,
comme arrêté par un grand espoir, il remonte vers Olympe qui est
toujours près de la cheminée.)

BORILOFF, avec passion.

Divine Olympe ! avez-vous pensé à mon amour, avez-vous
pensé aux dix mille paysans que je puis mettre à vos pieds ? et que
je vous offre.

OLYMPE.

Eh ! mon Dieu, monsieur le baron, que voulez-vous que je
fasse de votre amour et de vos paysans, gardez cela pour madame
Boriloff. On la dit charmante, et vous ne faites pas preuve de goût
en la négligeant.

BORILOFF, froidement.

Bien... bien... j'attendrai.

OLYMPE, à Clara.

Dis-moi, Clara, est-ce qu'il n'y a pas ici une jeune femme qui
m'a demandée ?

CLARA.

Une petite cordonnière? oui, madame, elle est là...

OLYMPE, vivement.

C'est bien... va la chercher. (Apercevant Saint-Phar qui est assis à droite la tête baissée et comme attendant.) Ah! c'est vous, mon cher père! Est-ce qu'il y a longtemps que vous êtes là?

SAINT-PHAR, allant à elle.

Mais oui.

OLYMPE.

Je ne vous voyais pas... vous faites si peu de bruit.

SAINT-PHAR.

Pourvu que tu en fasse, toi, c'est tout ce qu'il me faut.

OLYMPE.

·Voulez-vous m'embrasser.

SAINT-PHAR, avec joie.

Oh! oui, par exemple. (Il l'embrasse et regarde ensuite tout le monde avec orgueil.)

SAINT-PHAR, haut.

Voilà... Il n'y a que moi... il n'y a que moi. (Tous rient.)

OLYMPE.

Vous aviez à me parler?

SAINT-PHAR.

Oui, mais je reviendrai.

OLYMPE.

De quoi s'agit-il?

SAINT-PHAR.

J'ai un service à te demander.

OLYMPE.

Un service? Oh! alors ne vous en allez pas.

SAINT-PHAR.

Chère enfant.

OLYMPE.

Je vous donne le numéro trois. (A Karl.) Monsieur le comte, vous avez le numéro deux. (A Clara.) Préviens le numéro un. (Clara sort par la gauche, Karl passe à droite et remonte vers le fond.)

OLYMPE, aux autres.

Messieurs, je ne vous retiens pas, au contraire... (Riant.) Je vous chasse tous pour ne point faire de jaloux... (Bas au comte.) Revenez.

KARL, bas.

Merci... (Il lui baise la main.)

BORILOFF, à part.

Elle fait la cruelle, mais on ne résiste pas longtemps à un Boriloff. (Tous saluent Olympe et sortent par le fond.)

OLYMPE, a Saint-Phar.

Attendez-moi là... (Elle désigne la droite en riant.) Et repassez mon rôle pour moi en attendant. (Tout le monde salue et sort. Clara rentre avec Rose Michon.)

CLARA, annonçant comiquement.

Madame Rose Michon. (Olympe du geste renvoie Clara.)

SCÈNE VI.

OLYMPE tend la main à Rose qui s'approche d'elle, ROSE, embarrassée.

ROSE.

Madame... vous m'avez dit de venir?... Est-ce que?... Est-ce que... c'est... pour des souliers... (Olympe sourit, essuie une larme, puis, comme entraînée, prend la tête de Rose et l'embrasse au front.)

ROSE, étonnée, avec un petit cri.

Ah! (A part.) Ce n'est pas pour des souliers, bien sûr...

OLYMPE, sans lui répondre.

Je t'ai cherchée pendant longtemps. Rose...

ROSE.

Moi?... Vous m'avez cherchée...

OLYMPE.

Oui... (Avec douleur.) Et notre pauvre mère aussi.

ROSE.

Notre mère!... Qu'est-ce que vous dites donc?...

OLYMPE.

Je dis, Rose, que tu ne me connais pas, et que pourtant tu es ma sœur.

ROSE, très-émue.

Ah!... mon Dieu!... Ah!... par exemple!... Et vous me dites ça... tout simplement ..sans me prévenir...Ah! vous m'avez donné un coup! Vous?... ma sœur!... Ah!... mon Dieu!...

OLYMPE,

Embrasse-moi donc! (Rose l'embrasse en hésitant.)

ROSE.

Je veux bien... c'est égal... je n'y comprends rien du tout.

OLYMPE.

Rose? tu te souviens bien de notre mère, n'est-ce pas?

ROSE, avec douleur.

Oh! oui! et tenez... voilà son portrait! il ne me quitte jamais. (Elle lui montre un médaillon. Olympe le saisit et le porte à ses lèvres.)

ROSE, entraînée.

Ces larmes!... ces baisers!... (La prenant dans ses bras.) C'est bien vrai!... tu es ma sœur... ma mère était ta mère... (Elle l'embrasse. Olympe va tout en larmes s'asseoir sur le canapé.)

ROSE, à Olympe, après un moment.

Mais comment se fait-il que... (Elle s'assied sur la chaise qui est près du canapé.)

OLYMPE.

Ah!... c'est bien triste et bien simple, va... Notre mère avait été séduite, abandonnée... elle faillit expirer en me donnant le jour... et comme elle ne pouvait pas me nourrir, je fus placée chez une étrangère... notre mère était entrée dans un hospice; lorsqu'elle en sortit, elle était si pauvre qu'elle ne pouvait songer à me reprendre. Quand plus tard, et grâce à son travail, elle fut certaine d'avoir au moins du pain pour son enfant, elle vint le réclamer, elle ne me retrouva plus, j'avais été volée.

ROSE.

Volée !

OLYMPE.

Par une mendiante, qui me battait quand l'aumône manquait. A douze ans, me sentant forte et courageuse, je m'échappai... je vivais de mes chansons... mais je vivais mal. Comme ma mère, j'ai connu toutes les douleurs, toutes les angoisses de la misère, je serais allée tomber à la porte de quelqu'hospice... quand un brave homme me recueillit et m'adopta; à l'aide des faibles indices que je lui donnai, il voulut me rendre à ma famille... il parvint à retrouver l'étrangère à qui j'avais été confiée, et dont j'avais retenu le nom; par elle il apprit que ma mère s'était mariée, qu'elle avait eu une autre fille, puis enfin, qu'elle était morte... (Lui prenant les mains.) J'avais une sœur!... une sœur!... Ce n'est qu'hier que j'ai su que tu étais la femme de monsieur Michon et que tu habitais Paris... Je voulais t'écrire, t'appeler ou aller à toi, le hasard t'a placée sur ma route et m'a permis de t'embrasser plus tôt... voilà tout, et comme je te le disais, c'est bien simple et bien triste.

ROSE.

Oh! oui! bien triste!

OLYMPE.

Au moins tu as eu bien soin de notre pauvre mère? J'aurais été si heureuse, moi, d'entourer sa vieillesse d'un peu de bien-être. La première fois qu'un rouleau d'or est tombé dans ma main, je me disais : si ma mère était là, elle pourrait à présent oublier sa misère... Le jour où il me fut révélé que j'avais du talent, le jour où triomphante et joyeuse de mon premier succès, je me trouvai seule dans ma chambre, je me disais : si ma mère était là, elle partagerait mon triomphe et ma joie... Chaque soir, quand la foule se presse pour me voir et m'applaudir... mon regard cherche quelqu'un dans la salle, quelqu'un qui m'aurait toujours suivie des yeux, qui m'aurait applaudie du cœur, je cherche ma mère!... ma mère!...

SCÈNE VII.

LES MÊMES, CLARA, tenant deux écrins.

CLARA.

Pardon, madame! (Rose se lève vivement, cache son émotion et descend à gauche sur le devant.)

OLYMPE.

Pourquoi entrez-vous? je n'ai pas sonné.

CLARA.

Le bijoutier qui s'était déjà présenté tantôt vient de revenir... il rapporte l'écrin de madame... il a remonté les diamants de madame.

OLYMPE.

C'est bien, mettez cet écrin sur la console... laissez-nous et n'entrez plus.

CLARA, à part.

Ah! comme je serai insolente quand je me ferai servir. N'oublions pas ce que m'a recommandé monsieur de Boriloff, ce pauvre prince russe, il perdra ses soupirs et ses bijoux. (Regardant un écrin qu'elle pose sur le guéridon à droite; en soupirant.) Il aurait si bien pu les employer. (Elle sort par la droite.)

SCÈNE VIII.

ROSE, OLYMPE.

ROSE, regardant de loin l'écrin qui est sur la console.

Des diamants... je n'en ai jamais vu que de loin... et il n'en passe pas beaucoup rue de la Boucherie.

OLYMPE.

Regarde, petite sœur, regarde.

ROSE, ouvrant l'écrin.

Oh! que c'est beau! et que ça doit coûter cher.

OLYMPE, souriant.

Mais, non! ça ne m'a rien coûté.

ROSE, fermant l'écrin.

Ah! rien! Je disais bien alors... c'est trop cher.

OLYMPE, après un temps.

Rose, donne-moi cet écrin. (Elle l'ouvre.) Tiens, ce bracelet d'éméraudes m'a été donné par madame de Narbonne, ces pendants d'oreille, par madame de Polignac, cette croix par madame de Lamballe, cette rivière de diamants, mon joyau le plus précieux, est un don de Sa Majesté la reine. Ah! regarde bien, ma sœur, il n'y a pas autre chose dans l'écrin.

ROSE.

Oh! pardonne-moi... d'avoir eu une mauvaise pensée. (En remettant l'écrin sur le guéridon, elle aperçoit celui déposé par Clara.) Tiens! voilà encore un autre écrin!

OLYMPE, se levant et passant a gauche.

Un autre! celui-là n'est pas à moi; c'est par erreur que le bijoutier l'a remis à ma femme de chambre.

ROSE.

Il faut s'en assurer pourtant. (Elle l'apporte à Olympe.)

OLYMPE, ouvre l'écrin et en tire un billet. Lisant :

« A la femme que j'aime... Boriloff. »

ROSE, étonnée.

Boriloff?

OLYMPE.

Ah! très-bien... il m'envoie la monnaie de ses dix mille paysans. (Haut.) Je te le disais, Rose, cet écrin n'est pas pour moi, et je vais le renvoyer à sa véritable destination. (Elle se place à la console et écrit.) Appelle.

ROSE.

Appeler, qui?

OLYMPE.

Sonne!

ROSE, allant au guéridon.

Ah! oui! (Elle sonne avec force, un valet parait.)

OLYMPE, au valet.

Joseph, portez cela vous-même à l'hôtel de madame la baronne Boriloff. (Elle lui donne l'écrin et un petit billet.) Et surtout ne dites pas de quelle part vous venez. Allez! (Le valet sort.)

ROSE, riant.

Ah bien! elle va être surprise, madame Boriloff, agréablement.

OLYMPE.

Maintenant parlons de toi... Es-tu heureuse, ton mari t'aimet-il?

ROSE.

Oh! oui, et d'une fière force.

OLYMPE.

Tu es contente de ton sort?

ROSE.

Dam! je ne suis pas ambitieuse. Je n'avais rien en dot, et pourtant monsieur Michon a été content de ce que je lui ai apporté... il travaille, j'économise, l'ouvrage ne manque pas, à la fin de l'année nous mettons les deux bouts, c'est tout ce qu'il faut.

OLYMPE.

Mais non, ce n'est pas tout! il faut entreprendre de grandes affaires... avoir un beau magasin... et si tu veux?...

ROSE.

Quoi donc?

OLYMPE.

Je suis riche, moi, et...

ROSE, embarrassée.

Ah! merci, tu es bien bonne... mais nous n'avons besoin de rien... de rien du tout.

OLYMPE.

Tu refuses ? ton mari sera plus raisonnable, tu me l'amèneras, et...

ROSE, plus embarrassée.

Mon mari ?... oh !... je vais te dire... il est bien occupé... et puis... il est un peu ours... un peu brutal... ça tient à son état... il pourrait croire des choses... que je ne crois pas... mais quand il s'est chaussé d'une idée, il est très-têtu, monsieur Michon.

OLYMPE, amèrement.

Je comprends, monsieur Michon a des préjugés, n'est-ce pas?

ROSE.

Dam ! ça tient p't-être encore à son état. (Olympe éclate de rire, puis essuie une larme, et passe à droite.)

ROSE, vivement.

Tu vas m'en vouloir ?

OLYMPE, se remettant.

A toi... non, mon enfant... d'ailleurs ton mari a raison peut-être... fille naturelle et actrice !... je te compromettrais. (L'embrassant.) Allons, n'en parlons plus, tu te cacheras pour venir, si tu veux, mais tu viendras, n'est-ce pas ?... Oh ! d'abord, il faut que je te voie.

ROSE, avec éclat.

Et moi donc ?... je viendrai tous les mardis en portant de la marchandise...

OLYMPE, avec effort.

C'est ça... tu chercheras des prétextes.

ROSE, avec tendresse.

Olympe !...

OLYMPE.

Rien... rien... c'est fini !... je t'ai retenue bien longtemps, et je ne veux pas te faire gronder par ton mari. Allons, embrasse-moi et pars... adieu, Rose, adieu.

ROSE.

Je ne te dis pas adieu... mais au revoir, et souvent et bientôt. (Elle l'embrasse encore et sort.)

SCÈNE IX.

OLYMPE, avec une douloureuse colère.

Soyez donc une grande actrice, soyez l'idole de la cour et de la ville, soyez plus, soyez une honnête femme, et le premier seigneur venu vous traitera comme une fille perdue, et le pauvre ouvrier dans son échoppe vous reniera pour sa sœur... Oh ! le monde ! le monde ! ! quand nous luttons contre la misère d'abord, puis contre l'enivrement de la richesse et du luxe, contre notre propre cœur... enfin... il ne croit pas à la sincérité de la lutte, il nous condamne d'avance quand nous combattons ; il nous méprise encore quand nous avons vaincu.

CLARA, entrant du fond.

Monsieur de Rudentz peut-il entrer maintenant ?

OLYMPE.

Oui... qu'il vienne... (Clara sort.) Oh ! le mépris de celui-là me tuerait.

SCÈNE X.

KARL, OLYMPE.

OLYMPE.

Pardonnez-moi, monsieur le comte, de vous avoir fait attendre si longtemps pour ne vous donner audience que quelques minutes... je joue ce soir, j'ai besoin de revoir mon rôle... de me recueillir... d'être seule enfin.

KARL.

Vous semblez bien émue... bien agitée...

OLYMPE.

Non, vous vous trompez, cher comte, je suis préoccupée de la représentation de ce soir... voilà tout. Voyons, qu'aviez-vous à me dire... je vous écoute, parlez, mais parlez vite. (Karl la regarde en silence.)

OLYMPE.

Ah ! ça, vous me semblez aujourd'hui plus grave encore que de coutume, vous êtes en vérité presque solennel.

KARL.

Olympe, ne raillez pas, je vous en prie... jusqu'à ce moment je ne vous ai parlé que de mon amour, je ne vous ai parlé que de l'avenir et jamais du passé.

OLYMPE.

Du mien ?

KARL.

Non... votre passé, je le connais.

OLYMPE.

Eh bien ?

KARL.

Eh bien, je vous aime...

OLYMPE, lui tendant la main.

Vous êtes généreux, monsieur le comte.

m'aimez pas comme je vous aime! Moi je vous donne une couronne de comtesse, et vous n'avez pas le courage de me sacrifier vos couronnes d'artiste.

OLYMPE.

Elles me sont chères et précieuses ces couronnes qu'un seul jour suffit à flétrir. Oui, mes soirées de triomphe m'ont payé vingt années de souffrance et de misère... je les aurais achetées au prix de ma vie!... Eh bien, cependant, je vous le jure, ces couronnes, ces triomphes, cette gloire, je vous les aurais sacrifiés, sans hésiter ; à vous pauvre et obscur, j'aurais tout donné, comme je vous ai donné mon premier, mon seul amour.

KARL, avec joie.

Olympe!

OLYMPE.

Mais à vous noble et riche, à vous qui comptez dans votre famille des amitiés royales, à vous qui pouvez, comme vos ancêtres, rêver une union princière, j'apporterais la honte d'une naissance illégitime, le doute d'un passé inconnu!... Cette honte, votre nom ne serait pas assez grand encore pour l'effacer ; ce doute vous mordrait au cœur... Vous maudiriez alors votre faiblesse d'aujourd'hui, vous rougiriez de votre femme ; et c'est ce que je ne veux pas, Karl. (Se dégageant de ses bras.) Laissez-moi votre estime, votre amitié,... laissez-moi mon courage.

KARL.

Olympe, tu m'as dit que tu m'aimais? Olympe, tu seras ma femme!... Oh! n'hésite plus, toi seule tu sacrifies quelque chose à notre bonheur... Vois-tu, il ne faut pas que tu remettes le pied sur ce théâtre maudit qui a failli me séparer de toi ; demain peut-être tu ne voudrais plus m'entendre. (Elle passe à droite.) Ce soir même, tout sera préparé pour notre départ,... nous fuirons sans regarder derrière nous, et, je te le jure, à force de soins, de tendresse, de respect, je te ferai oublier ton passé, je te ferai oublier ta gloire...

OLYMPE, entraînée.

Karl!... Karl!...

(Karl la saisit avec transport dans ses bras.—Saint-Phar entr'ouvre la porte de droite.)

SCÈNE XI.

KARL, OLYMPE, SAINT-PHAR.

OLYMPE.

Ah!

KARL, à part, avec colère.

Quelqu'un!

SAINT-PHAR, timidement.

Ah! il y a encore du monde ; peut-on entrer?

OLYMPE, se remettant.

Oui... oui... toujours.

SAINT-PHAR.

Je te demande pardon, mais... (Riant.) Tu m'avais dit de repasser ton rôle, et je le sais...

OLYMPE.

Mon ami,... vous aviez un service à me demander, je crois?..

SAINT-PHAR.

Oui...

OLYMPE.

Parlez, disposez de moi.

KARL, à part.

Ah!... que va-t-elle dire?

SAINT-PHAR.

Mon enfant,... j'ai dans quelques jours une représentation à mon bénéfice... et tu sais que,... sans toi, je ne ferais peut-être pas mes frais... Les bénéfices, c'est très-souvent comme ça... et alors... je venais te demander de me jouer *Camille*... tu sais, ton rôle de début, c'est ton plus beau triomphe...

OLYMPE.

Oui.

KARL, à demi-voix.

Olympe!...

OLYMPE, embarrassée.

Mon Dieu! mon ami....

SAINT-PHAR.

Est-ce que tu me refuses?...

OLYMPE.

Non, mais...

KARL, vivement.

Monsieur Saint-Phar, madame quitte le théâtre.

SAINT-PHAR.

Plaît-il?... Pardon! je n'ai pas compris!...

KARL.

Je dis, mon cher monsieur Saint-Phar, que votre enfant sera bientôt dans une autre position.

SAINT-PHAR, cherchant.

Une autre position? Je ne saisis pas bien...

KARL.

Oui, je l'espère, elle sera bientôt comtesse.

SAINT-PHAR, allant à lui.

Comtesse, pourquoi faire?...

OLYMPE, bas, à Saint-Phar.

Il m'aime, mon ami! il m'offre sa main et son nom.

SAINT-PHAR, stupéfait.

Ah! c'est différent!... Comme ça, tu vas nous laisser là... tu abandonnes ce public qui t'aime tant!... tes camarades qui... (Il essuie ses larmes, puis s'efforce de rire.) Ah çà! voyons! nous jouons une comédie, hein? (Olympe baisse les yeux, va s'asseoir sur le canapé.)

KARL, avec joie.

Monsieur Saint-Phar, vous n'y perdrez rien, entendez-vous!

SAINT-PHAR.

Non, presque rien!

KARL.

A combien pouvait se monter la recette de votre représentation?...

SAINT-PHAR.

Avec elle, nous ferions six mille livres, sans augmenter le prix des places encore!

KARL.

Eh bien, je vous offre le double.

SAINT-PHAR, qui n'écoutait pas.

Le double de quoi? pourquoi?... Je ne sais pas ce que vous me dites, monsieur!

KARL.

Je vous offre douze mille livres de votre bénéfice, et Olympe ne jouera pas.

SAINT-PHAR, très-ému.

Douze mille livres! Monsieur le comte, bien des pardons, mais nous autres comédiens nous avons aussi notre dignité, nous ne recevons que du public... il nous paye notre rire ou nos larmes, nous tâchons de lui en donner pour son argent; s'il est content, il nous donne encore des bravos par-dessus le marché, et tout le monde a son compte. Je prendrai les quinze sous que l'ouvrier viendra apporter au bureau, et ça ne m'humiliera pas; mais les douze mille livres que vous me donnerez comme ça de la main à la main, ça n'est pas de la location ça, c'est une aumône, et je n'en veux pas, monsieur le comte, je n'en veux pas.

KARL.

Monsieur Saint-Phar!...

SAINT-PHAR, passant à gauche.

Alors je vais faire changer le spectacle... une représentation superbe... Un acte du *Mariage de Figaro*, avec Olympe dans la Comtesse... *Horace*, avec Olympe dans Camille... Qu'est-ce que je donnerai?... Bah! je ne donnerai rien du tout. (Il veut s'en aller.)

KARL, le retenant.

Mais, mon ami...

SAINT-PHAR, le poussant.

Oh! je ne suis pas votre ami, à vous qui venez nous la prendre...

KARL.

Songez à ce que je lui offre, moi!

SAINT-PHAR.

Eh bien! quoi? qu'est-ce que vous lui offrez?... de la fortune? elle en a assez, puisqu'il lui reste encore de quoi soulager quelquefois le malheur; des valets en grande livrée? elle en a plus que vous ne lui en donnerez jamais, et en grande livrée aussi, car notre magasin de costumes en regorge... Elle sera comtesse, dites-vous? belle avance! mon Olympe était reine!... Vous la conduirez dans votre grand monde... mais lui rendrez vous ces terreurs d'une première représentation qui sont notre vie à nous autres artistes?... Lui donnerez-vous cette salle resplendissante de lumière et de fleurs, cette salle pleine de tout ce qu'il y a de noble, de jeune, d'enthousiaste au monde?... Par quoi remplacerez-vous cette joie qui vient inonder le cœur d'une artiste comme elle quand elle sent la foule suspendue à ses lèvres?... Lui rendrez-vous enfin ce que vous lui aurez pris, c'est-à-dire les bravos qu'elle provoquait, les larmes qu'elle faisait répandre?...

KARL.

Eh! monsieur!

SAINT-PHAR.

Non... non, monsieur le comte... vous ne lui rendrez rien de tout cela, car vous avez la noblesse, la fortune, les titres, tout ce que nous n'avons pas, c'est vrai... mais vous n'avez pas ce que nous avons, c'est-à-dire la fièvre, le travail, les nuits sans sommeil que donnent les luttes du lendemain, les joyeuses insomnies que nous donnent les victoires de la veille.

OLYMPE, tout en larmes et entraînée passant près de Saint-Phar.

Mon ami! mon ami! j'étais folle... je jouerai... je jouerai!...

SAINT-PHAR, avec joie.

Olympe! mon enfant!...

KARL.

Madame, réfléchissez encore.

OLYMPE.

Je vous l'ai dit, monsieur le comte. (Donnant sa main à Saint-Phar.) Je jouerai!... (Saint-Phar la couvre de baisers.)

ACTE II.

Deuxième Tableau.

LES COULISSES DU THÉATRE-FRANÇAIS.

À gauche, les premières plantations de la scène. — A droite, une toilette richement ornée et à demi-entourée par un paravent. — Au fond, du même côté, un escalier qui conduit au foyer des artistes.

SCÈNE PREMIÈRE.

LINDOR, entrant; CLARA, devant la toilette rangeant diverses choses; ACTEURS, DANSEURS ET DANSEUSES, puis ROSE MICHON.

(Au lever du rideau, on voit aller et venir des personnages de la tragédie qu'on représente; les acteurs du *Mariage de Figaro* qu'on vient de jouer; et enfin, au fond sont groupés les danseurs qui doivent figurer dans le ballet destiné à terminer le spectacle. — Lindor entre vivement par le fond, il a le costume du berger Corydon de la pastorale comique.)

LINDOR, entrant.

Où en est-on?...

CLARA, qui est sortie du paravent.

Oh! vous avez le temps, monsieur Lindor, on va commencer le troisième acte d'*Horace*.

LINDOR.

Ah! très-bien... (A demi-voix.) Voyons, mon adorée, je vous enlève ce soir, n'est-ce pas?

CLARA.

A votre petit quatrième? Je demande à réfléchir.

LINDOR.

Oh! ne réfléchissez pas, suivez votre premier mouvement, les femmes n'ont que celui-là de bon.

CLARA, avec dignité.

Monsieur, je ne puis en entendre davantage, ma maîtresse m'attend.

LINDOR.

Une maîtresse, à vous, qui ne devriez avoir que des esclaves. (Il veut lui prendre un baiser; elle lui échappe et retourne à la toilette. A part.) Elle est à moi! (Il fait une pirouette et remonte; Rose Michon, qui vient de descendre l'escalier du foyer, paraît au milieu des groupes; à un Régisseur qui passe.) Monsieur, pourriez-vous me dire?...

LE RÉGISSEUR, sortant.

Allez au diable!

ROSE.

Comme on est malhonnête ici.

SCÈNE II.

Les Mêmes, ROSE MICHON.

CLARA.

Tiens?... c'est vous, ma petite?

ROSE, à part.

Elle y tient! (Haut.) Oui, c'est moi, je suis libre ce soir, mon mari est au club des Cordonniers, et...

CLARA.

Le club des Cordonniers?... Qu'est-ce que c'est que ça?

ROSE.

C'est une réunion, où l'on s'occupe des intérêts de l'Europe, comme ça ne m'intéresse pas du tout, je suis bien vite venue ici pour venir voir ma... (Se reprenant.) Madame Olympe!... Comme je n'avais pas de billet pour entrer dans la salle, je me suis présentée en bas, j'ai fait un gros mensonge, j'ai dit que j'étais la cordonnière de mademoiselle Olympe, on m'a laissé passer, à présent que me voilà... je voudrais bien la voir : où faut-il regarder?

CLARA, lui indiquant la coulisse.

Tenez, là... vous ne verrez rien.

ROSE, contrariée.

Ah! (Regardant autour d'elle.) Est-ce que tous ces gens-là sont des acteurs.

CLARA.

Oui, tous.

ROSE, apercevant Lindor.

Oh! comme en voilà un qui est vilain?

LINDOR, qui a entendu.

Vous parlez de moi? Ah! vous trouvez?... Tout le monde n'est pas de votre avis, ma chère... (Il fait une pirouette.)

ROSE, voyant Lindor en maillot.

Dites donc, mademoiselle, il est très-indécent ce monsieur.

CLARA.

Pourquoi?

ROSE.

Mais en s'habillant, il a oublié l'essentiel.

CLARA.

Du tout, il est en costume.

ROSE.

En costume? C'est donc un costume de ne pas en avoir. Ah! que je ne voudrais pas voir monsieur Michon se promène comme ça, j'aime mieux regarder le spectacle. (Elle va se diriger vers la coulisse.)

CLARA, la retenant.

Oh! ce n'est pas la peine maintenant... vous verrez l'autre acte, dans celui-ci, madame n'a plus que trois mots à dire.

ROSE.

Rien que trois?... Ils sont donc bien beaux?

CLARA, riant.

Magnifiques!... Elle dit : (Déclamant.) O mes frères!...

ROSE.

Ah! ah! ah! Et puis c'est tout? Et ça rapporte tant que ça?...

CLARA.

Mon Dieu, oui!

ROSE, répétant.

O mes frères!... Ce n'est pas bien malin... O mes frères!... Ah! ah! ah! quel drôle d'état!...

SCÈNE III.

LES MÊMES, SAINT-PHAR, il est très-agité

SAINT-PHAR, tombant sur un siège près du paravent.

Ah! je suis anéanti! je suis mort!

CLARA, à part.

Qu'est-ce qu'il a donc ce vieux ahuri-là?

SAINT-PHAR, avec désespoir.

Olympe!... Olympe!...

LINDOR.

Eh bien, quoi?

ROSE, allant à Saint-Phar.

Est-ce qu'il lui est arrivé un accident?

SAINT-PHAR.

Non, j'aimerais mieux ça...

ROSE, à part.

Oh! le vilain homme!

SAINT-PHAR, désespéré.

Elle a manqué de mémoire, la malheureuse, elle a raté tous ses effets!... tous!...

ROSE, à part.

Elle aura oublié : ô mes frères!...

SAINT-PHAR.

Ah! la voilà! (Olympe sort de scène; elle est très-agitée, et vient tomber dans un fauteuil qui est devant sa toilette.)

SCÈNE IV.

LES MÊMES, OLYMPE.

OLYMPE, à elle-même.

C'est lui! j'en suis sûre!...

SAINT-PHAR.

Olympe! mon enfant!

OLYMPE.

Ah! j'ai été bien mauvaise, n'est-ce pas?

SAINT-PHAR.

Mais oui..... mais oui..... qu'est-ce que tu as eu? voyons, parle.

OLYMPE.

Eh! mon Dieu! vous vous en doutez bien..... Karl! Je l'ai revu.

SAINT-PHAR.

Ah! encore lui!

OLYMPE.

Oui. il est là, dans la salle, tout à l'heure j'étais troublée déjà, sans savoir pourquoi... J'avais comme un pressentiment, depuis quelques minutes, je regardais une loge qui s'obstinait à rester fermée, et malgré moi je tremblais de voir cette grille s'abaisser et de me trouver en face du comte.... Tout à coup, elle est tombée cette grille, et j'ai vu Karl! Oh! c'était lui!... il souriait, mais d'un sourire amer presque menaçant; ce n'était pas de l'amour qu'il y avait dans ses yeux... non... c'était de la folie! (Elle se lève.)

SAINT-PHAR, descendant à la droite d'Olympe.

Il est enragé, cet homme-là.

OLYMPE.

De ce moment, j'ai tout oublié; je n'ai plus rien vu, rien, que ses yeux et son sourire.

SAINT-PHAR.

Oui, et tu n'a pas entendu le souffleur, et tu as écorché notre grand Corneille?.,.

OLYMPE.

Oh! mon Dieu! qu'est-ce que j'ai dit? Est-ce qu'on a sifflé?

SAINT-PHAR.

Sifflé!... te siffler!... toi!... mais, s'il avaient fait cela. j'aurais mis le feu au théâtre... On a murmuré, chuchotté seulement... dans quelques coins de la salle, et surtout dans deux ou trois loges.

OLYMPE.

Oui, n'est-ce pas?... Dans ces loges où l'on rit toujours, d'ailleurs, et de tout; dans ces loges garnies de femmes à la mode qui viennent au théâtre non pour voir, mais pour être vues; de ces femmes qui s'inquiètent peu de tuer l'avenir d'un artiste ou l'œuvre d'un poëte, pourvu qu'elles attirent les regards, pourvu que le lendemain, de par la ville, on parle de la fraîcheur de leurs bouquets, de l'éclat de leurs diamants. (En passant à gauche.) — Que me font à moi les moqueries de ces femmes? Les avons-nous vues jamais frémir ou pleurer? Non, je ne les accepte pas pour juges... elles ne comprennent rien, elles ne sentent rien... ces femmes... elles n'ont pas de cœur.

SAINT-PHAR.

Bien dit, Olympe, et si tu le veux, tu peux encore réparer tout le mal. Le vrai talent trouve toujours un chaud défenseur dans le vrai public, et quand la fièvre de l'enthousiasme le prend, le public... il n'entend plus la raillerie qui bourdonne à ses oreilles, ou s'il l'entend, il devient brutal, il crie à la porte, et il a raison... Tu te calmes en m'écoutant, ça va mieux; mais c'est égal, tu ne peux pas reparaître encore. (Au Régisseur qui passe.) Mon cher monsieur d'Héliot, faites une annonce, dites qu'Olympe s'est trouvée indisposée, qu'elle demande quelques minutes. (Le Régisseur sort.)

OLYMPE, s'asseyant devant sa toilette.

Quoi? vous voulez?...

SAINT-PHAR.

Laisse-moi faire, il faut que tu puisses te remettre, et l'entr'-acte a duré trop longtemps déjà. (On entend applaudir.) Tiens, vois-tu, l'annonce est faite, comme cela le public sera bien disposé pour ton entrée du quatrième acte. (Il disparait un instant dans la coulisse.)

OLYMPE.

Oui, vous avez raison; merci. (Apercevant Rose qui se tenait à moitié cachée par la toilette.) Ah! c'est toi, ma petite Rose!... Comment es-tu ici?

ROSE.

J'étais libre, j'en ai profité. (Voyant Olympe qui se met du blanc.) Ah! qu'est-ce que tu te mets donc sur la figure?

OLYMPE, souriant.

C'est de la pâleur, mon enfant.

ROSE.

De la pâleur! mais tu en avais bien assez comme ça!... (Bas.) Dis-donc! est-ce que tu as des chagrins?

OLYMPE.

Oui.

ROSE.

Conte-les moi.

OLYMPE.

Je ne peux pas... Et le public, mon enfant, et le public qui m'attend.

ROSE.

Tiens! il peut bien attendre, lui, il te voit tous les jours.

SAINT-PHAR, revenant.

Eh bien! pourra-t-on commencer bientôt?

OLYMPE.

Dans un instant.

ROSE.

Je vais prendre mon coin. (Elle se blottit dans la coulisse.)

LINDOR.

Je vais vous conduire. (A part.) Je veux voir si la grande tragédienne retrouvera ses effets. Ça serait drôle si elle les avait
perdus... tout à fait.

SAINT-PHAR.

C'est fini, hein? J'espère que tu vas tâcher d'oublier...

OLYMPE.

Karl? oui, je tâcherai.

SAINT-PHAR, s'échauffant.

Songe d'ailleurs que si tu l'aimes, il faut être sublime dans
l'intérêt même de ton amour.

OLYMPE.

Comment?

SAINT-PHAR.

Eh! parbleu! on n'aime pas un actrice sifflée. Tiens, vois,
messieurs de Flassan et de Brionne, ils avaient promis de venir te voir dans l'entr'acte, eh bien, tu as faibli, ils ne sont pas
venus, ils t'abandonnent déjà.

OLYMPE.

Quoi? vous pensez que monsieur de Rudentz...

SAINT-PHAR.

Monsieur le comte est comme les autres, il aime beaucoup
ta vertu, ta beauté; mais ce qu'il aime plus encore, c'est ton
talent, tes triomphes.

OLYMPE.

Si c'était vrai?

SAINT-PHAR.

Qui sait si en ce moment déjà son cœur ne s'est pas refroidi...
Tu comprends? Il a pu surprendre quelques critiques... quelques railleries.

OLYMPE, se levant.

Vous croyez? Oui, oui, vous avez raison, il faut qu'on m'ap-
plaudisse... il le faut! Vous allez voir.

SAINT-PHAR, à part.

J'ai réussi!

LE RÉGISSEUR.

Mademoiselle Olympe, on va frapper.

OLYMPE, très-agitée, en allant au Régisseur.

Je suis prête, monsieur, je suis prête. (Le Régisseur remonte vers le
fond. Il a l'air de prévenir les autres personnages de la tragédie. A Saint-Phar.) C'est
l'acte des imprécations, n'est-ce pas? eh bien, allez dans la salle

écouter Camille, oh! je vais prendre ma revanche, ne craignez plus pour moi, le nuage qui obscurcissait ma pensée se dissipe, la fièvre qui me dévore me réchauffe et m'anime... (Passant à droite.) J'ai l'exaltation, l'enthousiasme de Camille. (A Saint-Phar.) Ce n'est pas mon rôle que je vais dire au public, c'est mon âme toute entière que je vais lui donner. J'en mourrai peut-être, mais dût-il être le dernier, je veux ce soir un triomphe plus complet, plus éclatant que tous les autres... Père, je suis sûre de moi maintenant, ou je suis folle, ou je serai sublime. (Au Régisseur.) Mais faites donc commencer, monsieur, que le rideau lève vite, bien vite: si l'on tarde, voyez-vous, je ne pourrai plus, je ne pourrai plus.

LE RÉGISSEUR entre dans la coulisse en criant :

Au rideau! (Olympe sort avec égarement. On applaudit à son entrée.)

SAINT-PHAR, essuyant une larme et changeant de ton tout à coup.

Allons, je ne veux pas perdre un mot! Pauvre enfant! dans quel état elle était... comme elle doit souffrir! Ah! si le public savait... (Il entre dans la coulisse, on ne le voit pas pendant quelque temps.)

SCÈNE V.

LES MÊMES, puis FIRMIN, le valet du premier tableau.

CLARA, qui était restée derrière la toilette quelques instants auparavant et qui a entendu la fin de la scène.

Mon Dieu, que madame est bonne de se faire tant de mal! que je ne serais pas comme ça, moi!... Qu'il me prenne en adoration un jour... le public! il en aura tout juste pour son argent! tout juste... et encore... (Apercevant Firmin qui semble chercher quelqu'un.) Tiens, Firmin, le valet de madame. Qu'a-t-il donc?

FIRMIN, bas.

Mademoiselle Clara, j'ai quelque chose à vous dire.

CLARA.

Eh bien, dites.

FIRMIN.

Mais il faut que personne ne puisse... (Il regarde autour de lui.)

CLARA.

Ah! allez! allez!... on ne fait pas attention à nous... on ne s'occupe que de Camille. (Tous les personnages sont en effet groupés loin d'eux, soit au fond, soit dans la coulisse.)

FIRMIN.

Je suis un grand scélérat, mademoiselle.

CLARA, riant.

Vraiment?

FIRMIN.

Et j'ai des remords.

CLARA, avec un profond dédain.

Ah!

FIRMIN, lui remettant un paquet de lettres.

Il faut d'abord que je vous remette...

CLARA.

Des lettres?

FIRMIN.

Oui, des lettres qui ont été adressées à madame durant cette semaine, et que j'ai interceptées.

CLARA.

Vous, et pourquoi?

FIRMIN.

J'étais payé pour cela.

CLARA.

Quelle infamie!

FIRMIN.

J'ai reçu cent écus.

CLARA.

C'est bien peu, mais... vous allez m'expliquer...

FIRMIN.

Voilà... Vous savez que monsieur Boriloff a été furieux en apprenant que madame avait fait remettre à la baronne, sa femme, les diamants qu'il avait envoyés à la belle Olympe?

CLARA.

Oui... Après?

FIRMIN.

Eh bien, monsieur Boriloff a juré de se venger de madame.

CLARA.

Il veut la tuer?

FIRMIN.

Non... L'enlever.

CLARA.

Oh! si ce n'est que cela?

FIRMIN.

Et voici comment il doit s'y prendre, il a agi tout à fait en prince... il a acheté le carrosse de madame, les laquais, le cocher, les chevaux, tout enfin.

CLARA, avec admiration.

En vérité!

FIRMIN.

A la sortie du spectacle, madame montera sans méfiance dans sa voiture, les chevaux partiront ventre à terre, et ne s'arrêteront qu'à une lieue d'ici, où des relais sont préparés; la voiture reprendra sa course furibonde, et madame arrivera à la frontière avant d'avoir eu même le temps de se reconnaître.

CLARA, après un temps.

Ah! il me vient une idée! si vous voulez me seconder,

nous sauverons notre maîtresse et nous jouerons un bon tour
au boyard.

FIRMIN.

Voyons.

CLARA.

Monsieur Boriloff veut enlever?

FIRMIN.

Oui.

CLARA.

Eh bien, il enlèvera.

FIRMIN.

Madame?

CLARA.

Non, moi.

FIRMIN.

Vous?

CLARA.

Moi-même... C'est une fantaisie qui me trotte dans la tête depuis quelque temps, et que je veux me passer.

FIRMIN.

Ça sera difficile. Comment ferez-vous?

CLARA, avec dédain.

Oh ! des scrupules? et pas d'imagination? Vous êtes un faux
valet, mon cher... vous n'êtes que la moitié d'un fripon !

FIRMIN.

Mais, enfin ?

CLARA.

Le spectacle terminé... je mets la mante rose de madame, je
sors par la petite porte... le couloir est sombre, je passe comme
l'éclair, la portière est ouverte... je m'élance, vous fermez... et
fouette cocher pour la patrie des czars.

FIRMIN.

Mais, une fois là-bas, le boyard se fâchera.

CLARA.

Qui sait?

FIRMIN.

Il vous tuera.

CLARA, baissant les yeux.

Que non...

FIRMIN.

Je ferai tout ce que vous voudrez.

CLARA.

Allez m'attendre, alors... (Firmin sort.)

LE RÉGISSEUR, appelant un autre personnage, qui est le jeune Horace.

Monsieur Célicourt... c'est à vous... votre entrée!... (Le personnage s'apprête, fait son entrée. Il est suivi de Procule, soldat de l'armée de Rome, qui porte en sa main les trois épées des Curiaces.)

CLARA, triant les lettres remises par Firmin.

Ah ! deux lettres de monsieur de Rudentz!... et madame qui s'étonnait de n'en point recevoir... Je les lui donnerai quand elle sortira de scène, et pendant qu'elle s'oubliera en les lisant, moi, je... (Apercevant Lindor qui s'est approché... A part.) Ah! mon futur... passé. (Elle passe à gauche.)

LINDOR, bas.

Eh bien, cruelle, consentez-vous ?

CLARA, bas.

Oui.

LINDOR.

Bravo ! où dois-je vous attendre ?

CLARA, bas.

Devant la grille du Luxembourg.

LINDOR.

Oh !

CLARA.

Quand j'aurai déshabillé ma maîtresse, j'irai vous rejoindre.

LINDOR.

Mais permettez... la rivière est prise depuis trois jours... et devant la grille... je vais geler comme la rivière, moi.

CLARA.

Il le faut !...

LINDOR.

Allons, je gèlerai. (A part.) O amour !... prête-moi tes flammes. (Bas.) Guignet me remplacera dans le ballet, c'est convenu... Je ne prends même pas le temps de me r'habiller, je jette un manteau sur mon costume et je vais vous attendre.

CLARA.

C'est cela, attendez-moi, sous... devant la grille...

LINDOR.

A tout à l'heure!... (Il se perd dans les groupes qui viennent de se répandre dans les coulisses au moment où un tonnerre d'applaudissements vient d'éclater.)

CLARA.

Quels applaudissements ! Allons, madame s'est tenue parole à elle-même... (A ce moment, on entend la voix du jeune Horace lorsqu'il poursuit Camille.)

LE JEUNE HORACE.

C'est trop, ma passion à la raison fait place,
Va dedans les enfers plaindre ton Curiace !

(Il la tue dans la coulisse... Olympe pousse un cri... elle rentre en scène. Les personnages qui sont dans les coulisses l'applaudissent à son entrée.)

CLARA, à part.

Dans quel état revient-elle. (Rose la soutient et l'amene devant sa toilette, où elle la fait asseoir et lui couvre les épaules.)

SCÈNE VI.

LES MÊMES, OLYMPE, SAINT-PHAR, DE BRIONNE,
DE FLASSAN.

SAINT-PHAR, accourant.

Olympe ! tu as été superbe ! sublime !

DE BRIONNE.

Magnifique ! madame ! magnifique !... De ce jour, vous n'avez plus de rivaux, vous n'avez plus que des admirateurs !

SAINT-PHAR, apportant une brassée de fleurs que vient de lui remettre un personnage de la tragédie.

Tiens, voilà la première moisson. (Il les met sur un petit meuble.)

DE FLASSAN, tenant un bouquet.

Et je viens, moi-même, y joindre mon tribut.

SAINT-PHAR.

Tout à l'heure, ce sera bien autre chose... car, on va te rappeler... et ce ne sera pas long, on est convenu de passer la moitié de ce qui reste, on n'écoute plus. (Il va au fond, auprès de la coulisse.)

ROSE.

Dieu ! les belles fleurs !

OLYMPE.

Je te les donne.

ROSE, prenant les fleurs.

Je les prends.

OLYMPE, à de Brionne et de Flassan, et leur donnant la main.

Merci, messieurs, merci ! Mais je vous demande grâce.

DE FLASSAN.

Nous vous laissons, belle dame, mais nous avions voulu être les premiers à vous féliciter. (Ils s'inclinent... Clara les renvoie.)

CLARA, bas à Olympe.

Madame, voici deux lettres.

OLYMPE, avec joie.

Ah !

CLARA.

Monsieur Boriloff les avait interceptées, mais Firmin vient de me les apporter. Elles sont de monsieur le comte.

OLYMPE.

Oh ! donne ! donne !... Maintenant, va me chercher ma mante dans ma loge... je suis brisée, je veux rentrer tout de suite, je me déshabillerai chez moi.

CLARA, à part.

Pas de temps à perdre alors, il en arrivera ce qu'il pourra...
la voiture est là... elle attend... je pars. Bah! qui ne risque rien
n'a rien. (Elle sort, en courant.)

OLYMPE, pendant ce temps, a rompu le cachet de l'une des deux lettres...
la parcourant.

Pauvre Karl! tou'ours les mêmes protestations de dévouement! d'amour! toujours les mêmes offres! (Elle ouvre l'autre.)
O Karl! comme il faut que je t'aime pour avoir la force de résister. (Elle lisait tout en parlant, tout à coup elle pousse un cri étouffé.)

ROSE, qui était assise un peu derrière la toilette et qui arrangeait les bouquets, les laissant tomber.

Qu'as-tu donc?

OLYMPE, se levant, à part.

O mon Dieu! j'ai mal lu... (Elle essaie de relire.) Oh! je n'y vois
plus! j'ai comme un nuage de sang sur les yeux...

ROSE, effrayée.

Olympe!

OLYMPE.

Ah! Rose... tiens... dis-moi ce qu'il y a là... là...

ROSE, avec terreur.

Mais il veut se tuer, ce monsieur.

OLYMPE.

Se tuer... lui... c'est impossible!... Tu n'y vois pas non plus,
toi, donne... (Lisant la fin de la lettre.) « Madame, si je n'obtiens pas
» de réponse de vous, si vous jouez encore ce soir, c'est que vous
» aurez préféré le théâtre à mon amour, c'est que vous ne m'ai-
» mez pas; alors, Olympe, je ne prendrai plus conseil que de
» mon désespoir, je serai dans la salle, car je veux vous voir,
» vous entendre une dernière fois, et quand la foule enthousiaste
» vous rappellera, je dirai adieu au monde, à ma mère, à vous. »

ROSE.

Mais il est à mettre aux Petites-Maisons.

OLYMPE, Au paroxisme de la fièvre.

Ah! je ne sais pas si cet homme est fou, mais il me rendra
folle! (Elle passe à droite.)

ROSE.

Que vas-tu faire?

OLYMPE.

Ce que je vais faire? est-ce que je le sais, moi. (En ce moment les
acteurs sortent de scène et on entend crier confusément dans la salle.)

ROSE, écoutant sans comprendre... mais avec effroi.

Qu'est-ce que c'est que ça?... Est-ce qu'on se bat là-dedans?
(Les cris deviennent plus distincts... On entend appeler.) Olympe! Olympe!

OLYMPE, avec un cri.

Ah ! ils me rappellent ! et c'est à ce moment qu'il me menace de...

SAINT-PHAR, lui barrant le passage.

Est-ce que tu n'entends pas ?

CRIS.

Olympe ! Olympe ! (Tapage. — Brouhaha.)

SAINT-PHAR.

Il faut que tu paraisses.

TOUS, l'entourant.

Oui !... oui !... (Le tumulte couvre la voix d'Olympe.)

OLYMPE, avec un cri de désespoir.

Non... non, je ne veux pas... je ne peux pas... (On l'entoure.)

TOUS.

Venez !

OLYMPE, qu'on entraîne, à Saint-Phar.

Mon ami... par pitié... cette lettre... le comte !

SAINT-PHAR.

Au diable le comte, le public d'abord.

TOUS.

Oui ! oui !...

OLYMPE, avec un dernier effort et presque un cri de rage.

Laissez-moi, laissez-moi ! (Tumulte. — Les cris de la salle vont toujours croissant. Olympe se sentant entraînée et criant :) Ah ! vous le tuez !... (Mais elle est arrivée dans la coulisse, elle disparaît un instant. — Alors éclatent des bravos frénétiques.

ROSE, avec effroi.

Mon Dieu ! mon Dieu ! moi qui venais ici pour m'amuser. (A ce moment un coup de feu retentit dans la salle et aussitôt une grande rumeur. — Tous reviennent pêle-mêle, et au milieu de tous Olympe, pâle de terreur.)

OLYMPE, avec un cri de douleur.

Oh ! Karl ! Karl ! vous l'avez tué ! (Elle s'évanouit dans les bras de Saint-Phar. — On l'entoure.)

ACTE III.

Troisième Tableau.

Aux Eaux de Bourbonne. — Un grand salon ouvert sur un jardin, de chaque côté une table, dessus des journaux et des brochures. — Au fond, une terrasse descendant à la rivière.

SCÈNE PREMIÈRE.

DE BRIONNE, DE FLASSAN, PLUSIEURS HABITUÉS DES EAUX se promenant sur la terrasse ; puis GEORGES.

DE BRIONNE, qui, assis à droite, lisait une gazette à de Flassan qui entre du fond.

Vous avez reçu votre courrier monsieur de Flassan ? quelles

nouvelles de la cour ? est ce que la reine ne devait pas visiter les eaux de Bourbonne cette année ?

DE FLASSAN.

Il en avait été question, mais nos affaires vont si mal à Paris. (Soupirant.) Il n'est question que de l'assemblée des notables et de l'indépendance de l'Amérique.

DE BRIONNE, se levant.

A propos ? vous savez que le marquis Émile de Rudentz est de retour en France. (Ils se donnent le bras et se promènent.)

DE FLASSAN.

Cet écervelé qui était parti avec monsieur de la Fayette ?

DE BRIONNE.

Précisément... Il s'arrêtera quelques jours à Bourbonne avant de se rendre au château de sa tante, madame la contesse de Rudentz.

DE FLASSAN, riant.

Qui le recevra bien, je crois, mais de qui tenez-vous ces détails ?

DE BRIONNE.

Eh !... de lui-même, il m'a écrit... (Ils sont remontés au fond.)

DE FLASSAN, regardant au fond ; d'un ton railleur.

Ah ! ah !... voici l'autre comtesse de Rudentz qui part pour la promenade.

DE BRIONNE, riant.

Oui... la comtesse Almaviva. (Georges est entré : il cause avec quelques personnes.)

DE FLASSAN, l'apercevant.

Monsieur Georges, je suis heureux de vous serrer la main.

GEORGES.

Monsieur... (Ils se saluent. Georges va à la table et prend une gazette.)

DE BRIONNE, bas.

Qu'est-ce que c'est que ce petit monsieur noir ?

DE FLASSAN.

Un médecin qui, à Paris, soignait mes gens...

DE BRIONNE, bas.

Et vous lui donnez la main ? Vous vous popularisez...

DE FLASSAN.

Ah ! depuis le fameux serment du jeu de paume... Il faut se faire des amis partout... On ne sait pas ce qui peut arriver. (Ils sont remontés vers le fond. Regardant à gauche.) Eh mais, je ne me trompe pas... ce gentilhomme qui vient là-bas, dans ce brillant équipage... et suivi d'un si nombreux domestique. C'est le marquis Émile d Rudentz, voyez donc de Brionne.

DE BRIONNE.

En effet... c'est lui-même. (Ils vont au-devant du nouveau visiteur. Le m quis Émile de Rudentz paraît au fond; il est accompagné de l'intendant de la maison qui se tient près de lui le chapeau bas. Les autres personnes se dispersent peu à peu dans les jardins.)

SCÈNE II.

LES MÊMES, ÉMILE DE RUDENTZ.

ÉMILE, à l'intendant.

C'est bien, mon cher!... c'est bien! je m'arrange de tout... seulement, je vous recommande mes gens et mes chevaux, mes chevaux surtout. (L'intendant salue et s'éloigne. Émile descend en scène.)

DE BRIONNE.

Salut au héros américain!

ÉMILE, saluant.

Messieurs!... Eh mais!... attendez donc?... Eh! Palsembleu!... je vous reconnais... de Brionne, de Flassan! ces chers amis! je suis enchanté de vous voir, Palsembleu! (Pirouettant.) Dit-on toujours palsembleu, là-bas?

DE BRIONNE, riant.

Toujours!

ÉMILE.

Ah! c'est que, vous comprenez!... je débarque, et je ne sais rien de l'ancien monde, voyez comme je suis fait... je dois avoir l'air de descendre d'un cadre... on pourrait me prendre pour mon aïeul.

DE BRIONNE.

Mais non, d'honneur!

DE FLASSAN.

Ah! ça, il paraît que vous avez fait merveille là-bas. A la cour on ne parlait que de vous et monsieur de la Fayette.

ÉMILE.

Je n'ai presque pas quitté notre jeune général. Je servais d'abord en volontaire comme lui, et à la bataille de Brandywine, j'ai été blessé comme lui; plus tard nous commandions ensemble l'avant-garde de Washington. La paix signée, j'ai encore accompagné Lafayette dans ses courses à travers l'Amérique. Ah! messieurs! quels triomphes!... c'était superbe! Le marquis étant reparti pour la France, moi je continuai mes splendides pérégrinations. J'ai vu la Virginie avec ses savanes et sa verdure éternelle, ses forêts primitives et ses grands lacs aux bosquets flottants... (riant.) mais, foi de gentilhomme!... ça ne vaut pas Trianon... Aussi, j'ai voulu revoir nos bosquets de lilas tout pleins de nos jolies marquises; palsembleu! On dit toujours palsembleu, n'est-ce pas?

DE BRIONNE.

Oui, oui.

ÉMILE.

Une fois à Paris, je ne me couche pas de quinze jours, il faut que je me rattrape... Ah! ça, messieurs, à votre tour, parlez-moi de la ville, de la cour... mène-t-on toujours belle et joyeuse vie? Rosse-t-on parfois le guet, et enlève-t-on encore quelque peu les petites bourgeoises?

DE FLASSAN.

Non pas; à cette heure, le guet se défend, et on n'enlève plus que les femmes de chambre.

ÉMILE.

Que me contez-vous là.

DE FLASSAN.

Oh! la vérité... tenez, voilà une histoire arrivée l'hiver dernier à monsieur Boriloff... un Russe de première noblesse, et riche à plusieurs millions de paysans, il s'est laissé jouer comme un sot par un adroite camériste qui avait audacieusement pris la place de sa maîtresse.

ÉMILE.

Et qu'a fait le boyard en s'apercevant de la méprise.

DE FLASSAN.

Il a fait preuve d'esprit... la petite était jolie, il en est devenu éperdument amoureux et la drôlesse est rentrée à Paris dans un équipage à quatre chevaux; pour donner à sa servante maitresse une position sociale... Boriloff vient de la faire engager comme danseuse à l'Opéra, où je gage elle fera fureur cette année.

ÉMILE.

L'aventure est assez piquante, mais elle est vieille déjà... N'avez-vous pas quelqu'autre nouvelle à m'apprendre?

DE BRIONNE.

La dernière nouvelle, la voici. Le roi Louis seize a convoqué les États-Généraux.

ÉMILE, riant.

Ah! ah! ah! j'en étais sûr... nous avons ébranlé le vieux monde.

DE BRIONNE.

Oui, et il est en train de tomber.

ÉMILE.

Au contraire, mordieu!... il se relève... Ah! dame, je rapporte de là-bas des idées furieusement libérales, moi, je vous en préviens. Vous ne m'avez encore rien dit de mon cousin Karl de Rudentz. Le Caton, le sage de la famille, vit-il toujours au milieu de ses chiens et de ses ours?

DE FLASSAN, riant.

Ah! bien, oui.

ÉMILE.

Comment?

DE BRIONNE.

Tandis que vous faisiez des folies là-bas, votre cousin en faisait ici.

ÉMILE.

Ah! c'est charmant! on ne me le donnera plus pour modèle, ou si on me le donne, je pourrai le prendre. Qu'a-t-il fait?

DE BRIONNE.

Il aimait une actrice de la Comédie-Française.

ÉMILE, riant.

Vraiment?

DE BRIONNE.

Une tragédienne; pour lui plaire, il a voulu jouer aussi sa petite tragédie. Il a tenté de se brûler la cervelle.

ÉMILE.

Peste!

DE BRIONNE.

Il s'est manqué; mais le moyen a réussi. La belle n'a plus eu le courage de résister... et depuis plusieurs mois le comte de Rudentz est son amant.

ÉMILE.

A-t-il eu bon goût? voyons, ai-je connu cela, moi?

DE FLASSAN.

Non. Comme ces fugitives étoiles qui brillent une heure et s'éteignent au firmament, Olympe était ignorée il y a deux ans, et sera bientôt oubliée. (Georges s'est levé vivement, il descend en scène.)

GEORGES, à de Brionne.

Pardon, monsieur; vous avez dit, je crois, que M. Karl de Rudentz était l'amant de mademoiselle Olympe?

DE BRIONNE, riant.

Sans doute... et parbleu, ils sont ici tous deux.

GEORGES, étonné.

Ici, dites-vous?

DE BRIONNE.

Vous ignoriez que mademoiselle Olympe était à Bourbonne?

GEORGES.

J'arrive à peine; mais vous vous trompez, monsieur, quand vous dites que mademoiselle Olympe...

DE BRIONNE, riant.

Mon cher monsieur, j'ai l'honneur de vous répéter qu'elle est ici même avec...

GEORGES.

Avec son mari, alors...

TOUS.

Son mari!

EMILE, allant à Georges.

Pardon, monsieur, mais vous insultez mon cousin.

GEORGES.

Et pourquoi cela, monsieur le marquis?

ÉMILE.

Comment, pourquoi? mais parce que vous le croyez capable de s'être ridiculement oublié.

GEORGES, avec colère.

Monsieur!... (Se calmant.) vous oubliez que vous êtes libéral, vous l'avez dit tout à l'heure.

ÉMILE.

Mais...

GEORGES, raillant.

Et que vous venez de combattre pour l'affranchissement d'un peuple?

ÉMILE.

Eh! monsieur! on affranchit un peuple, mais on n'affranchit pas les comédiennes. (De Flassan et de Brionne rient.) Mon cousin n'a pu jeter dix quartiers de noblesse aux pieds d'une fille de théâtre, et je donne un démenti formel à quiconque osera soutenir que cette Olympe est la femme de M. de Rudentz.

GEORGES.

J'oserai soutenir cela, monsieur.

ÉMILE.

Très-bien, monsieur, je suis à vos ordres.

DE BRIONNE, à Georges.

Pourtant, si monsieur le marquis a deviné juste...

GEORGES.

C'est impossible, vous dis-je.

ÉMILE.

Nous nous battrons, c'est convenu. Seulement, monsieur, vous voudrez bien me dire avec qui je vais avoir l'honneur de me couper la gorge.

GEORGES.

Je suis médecin, monsieur, et je me nomme Georges.

ÉMILE, cherchant.

Georges...

GEORGES.

Oh! ne cherchez pas, monsieur, je me nomme Georges tout simplement.

ÉMILE.

Ah! mais, permettez, alors... moi...

GEORGES.

Vous oubliez toujours que vous êtes républicain.

ÉMILE.

Républicain, républicain... oui... en Amérique.

GEORGES.

Qu'à cela ne tienne, nous irons en Amérique si vous le désirez.

ÉMILE.

Bien obligé, j'en arrive... nous finirons cela ici.., monsieur, je suis votre homme. (L'intendant est entré et vient lui parler bas.) En attendant, si vous vouiez me faire le plaisir de partager mon diner... on m'annonce qu'il est servi.

GEORGES, refusant.

Je vous remercie, monsieur ! j'ai quelques dispositions à prendre. (Il remonte vers le fond avec de Brionne et de Flassan.)

ÉMILE, à part.

Tiens... au fait... un médecin, ça doit avoir la main malheureuse; je ferai mon testament au dessert. (A l'intendant.) Monsieur Karl de Rudentz...

L'INTENDANT.

Il est absent, monsieur.

ÉMILE.

Dès qu'il arrivera vous me préviendrez... (A part.) Il ne peut refuser d'être mon témoin. (A de Brionne et de Flassan.) Venez-vous, messieurs. (Il prend le bras de Brionne en sortant.) Eh bien ! je n'ai pas perdu de temps, moi, déjà un duel et je n'ai pas encore changé d'habit.

SCÈNE III.

GEORGE, L'INTENDANT, puis OLYMPE.

GEORGES, à l'intendant qu'il a retenu.

Vous avez dit que monsieur le comte de Rudentz était absent; mais madame la comtesse ?

L'INTENDANT.

Madame la comtesse est allée faire une promenade sur l'eau ; la promenade ne devait pas être longue, et, tenez, je crois entendre le bruit des rames. (Lui indiquant le côté droit de la terrasse.) Je ne me trompe pas, monsieur, voici madame la comtesse.

GEORGES.

Merci, monsieur.

OLYMPE.

Monsieur Georges !... vous ici !... c'est du bonheur pour moi que cette rencontre.

GEORGES, lui baise la main.

Madame !....

OLYMPE.

J'avais tant besoin de voir enfin une figure amie... dans les derniers temps... (souriant tristement.) de ma vie... de comédienne, je n'avais plus de vos nouvelles que par vos bonnes lettres si rares que je relisais avec tant de plaisir. Je n'ai jamais eu que deux véritables amis... vous et Saint-Phar .. Pauvre Saint-Phar! j'ai été

bien ingrate envers lui : je l'ai quitté pour toujours, peut-être. Je
l'ai laissé vieux et seul, lui qui m'avait recueillie orpheline et pauvre. Eh bien ! j'en suis sûre, dans son cœur il n'y a pas un blâme,
pas un reproche pour celle qu'il appelait sa fille. Dites-moi ? êtes-
vous content ?... commencez-vous à être connu ?

GEORGES.

Un peu, grâces à vous.

OLYMPE.

Grâces à votre talent, voulez-vous dire ?

GEORGES.

Tenez, madame, ce n'est pas de moi qu'il faut me parler, c'est
de vous...

OLYMPE.

Ah ! il y a eu bien du changement dans ma vie, Georges. —
Vous savez que je suis comtesse ?

GEORGES.

Je viens de l'apprendre à l'instant même ; il y avait là monsieur
de Brionne, monsieur de Flassan.

OLYMPE.

Arrivés ici depuis deux jours.

GEORGES.

Et le cousin de monsieur le comte... (La regardant.) de votre mari.
On parlait de vous... On disait... — pardon, madame, — on disait que vous... n'étiez pas mariée... que monsieur de Rudentz
n'était que votre amant.

OLYMPE.

Mon amant !

GEORGES.

Moi, j'ai dit le contraire.

OLYMPE.

C'est bien. (Le regardant.) Mais vous n'avez pas douté de moi, n'est-
ce pas ?

GEORGES.

Non !

OLYMPE, lui donnant la main.

Merci !

GEORGES.

Vous pleurez ?

OLYMPE.

Je suis aimée, Georges, sincèrement aimée, je le crois, et pourtant je prévois des luttes douloureuses pour l'avenir.

GEORGES.

Quels ennemis pouvez-vous avoir ?

OLYMPE.

Deux ennemis puissants, implacables : le préjugé et l'orgueil.

GEORGES.

Oh! vous vous trompez!

OLYMPE.

Non... non... mon ami; il y a quatre mois déjà que je suis mariée, et, le croiriez-vous? pas une porte ne s'est ouverte devant la comtesse de Rudentz. Je vis seule auprès du comte!... Oh! cette vie me serait bien douce, à moi! je ne m'en lasserais pas... mais lui... ne finira-t-il pas par regretter ses brillantes réunions, ses illustres amitiés brisées? mon amour ne suffira pas longtemps peut-être à tout payer, il ne pourra pas, surtout, lui faire oublier sa mère... sa mère, pour laquelle sa tendresse était un culte, sa mère, qu'à cause de moi il n'a pas revue depuis un an. Plusieurs fois j'ai parlé d'elle, plusieurs fois j'ai témoigné timidement le désir de lui être présentée. Le comte a toujours changé la conversation, toujours j'ai vu de l'embarras dans ses yeux, la dernière fois même j'y ai vu de la colère et depuis ce temps je n'ai plus prononcé le nom de la comtesse de Rudentz; j'ai compris que la fierté de la noble dame s'était révoltée à la seule idée d'un contact avec la comédienne...; j'ai compris qu'elle aussi me repoussait et que peut être elle avait maudit son fils.—Pauvre Karl! qu'il doit souffrir! je l'en aime davantage... mais lui, s'il devait un jour ne plus m'aimer... Ah! Georges, mon ami!... je suis bien malheureuse!

GEORGES.

Malheureuse, vous.

OLYMPE.

Et pourtant, mon Dieu! vous savez si j'ai lutté. — Un soir,... une sorte de folie s'était emparée de monsieur de Rudentz, il a attenté à ses jours...; on me l'a apporté mourant, ensanglanté!.. pendant un mois je n'ai pas quitté son chevet..., j'étais là, nuit et jour ma main dans la sienne; mes yeux sur ses yeux, épiant un souffle, un regard, un sourire...; pendant un mois, lui n'a jamais eu qu'un nom sur les lèvres : le mien. Et le docteur me disait : Ma science est impuissante, vous seule pouvez le sauver. Alors, oubliant qu'il était noble, qu'il était riche, je me suis écriée : Karl, mon bien-aimé, tu vivras... je serai ta femme... Voilà comment je suis devenue comtesse de Rudentz.

(Firmin paraît, à droite, il tient une lettre à la main, et semble chercher quelqu'un.)

OLYMPE, l'apercevant.

Qui cherchez-vous, Firmin?

FIRMIN.

Pardon, madame, je croyais monsieur le comte avec madame et je venais lui apporter ce billet que m'a remis tout à l'heure pour monsieur le comte, le coureur de madame de Brionne,

OLYMPE.

Donnez.

FIRMIN.

Excusez-moi, madame, mais il m'a été bien recommandé de ne remettre ce billet qu'à monsieur le comte.

OLYMPE.

Donnez-moi cette lettre... je le veux. (Firmin s'incline et remet le billet.) On attend la réponse, peut-être?

FIRMIN.

Oui, madame.

L'INTENDANT, entrant.

On demande monsieur le docteur au grand salon.

GEORGES.

Mon devoir me force à m'éloigner, madame la comtesse.

OLYMPE.

Je vous reverrai, n'est-ce pas? bientôt.

GEORGES.

Oui, madame. (A part.) Pauvre Olympe, avant que l'insulte arrive jusqu'à elle on m'aura tué.

(Il sort avec l'intendant par la droite.)

SCÈNE IV.

OLYMPE, FIRMIN, au fond.

OLYMPE, à part.

Cette lettre est d'une femme, et ne doit être lue que par monsieur de Rudentz... Par monsieur de Rudentz qui me la cacherait comme il me dérobe toutes celles qui lui sont adressées. Oh ! je la lirai. (Elle brise le cachet. — Elle a lu tout bas. — Puis, elle fait un mouvement de colère. — lisant.) « Madame la marquise de Brionne invite » monsieur le comte de Rudentz à lui faire l'honneur de passer » la soirée à son château de... » C'est cela... on l'invite, lui, lui seul. (Au valet.) Tenez, Firmin, monsieur le comte doit être à l'hôtel... il vous donnera la réponse ; portez-lui cette lettre, vous lui direz que c'est moi qui en ai brisé le cachet. (Le valet sort par la gauche.) Nous verrons ce que fera mon mari... Nous verrons s'il laissera ignorer plus longtemps à cette orgueilleuse marquise qu'il y a ici une comtesse de Rudentz.

(Elle s'assied à gauche.)

SCÈNE V.

OLYMPE, ÉMILE DE FLASSAN, DE BRIONNE.

ÉMILE, entrant le chapeau sur la tête et un peu animé par le champagne.

Vous dites donc, messieurs, que voilà ma cousine de la main gauche... Pardieu, je ne me laisserai pas tuer pour elle avant de lui avoir dit son fait à votre tragédienne.

DE FLASSAN, bas.

Prenez garde, marquis... vous n'êtes pas précisément présentable.

DE BRIONNE, bas.

Vous avez perdu l'habitude du champagne, vous ne savez plus le porter, mon cher.

ÉMILE.

Eh! palsembleu, monsieur, en Amérique j'ai pu désapprendre à boire, mais je n'ai pas désappris la galanterie française... vous allez voir...

(Il s'avance vers Olympe qui était restée assise et pensive. — Elle se retourne au bruit que fait Émile.)

OLYMPE.

Quelqu'un !

(Elle se lève et veut sortir.)

ÉMILE, la retenant.

Pardon... je vous dérange peut-être, belle dame, mais il faut m'excuser... j'arrive de si loin... (La regardant.) Permettez, ma foi, vous êtes charmante, je le reconnais et je signe Émile de Rudentz.

OLYMPE.

Le cousin de mon mari.

ÉMILE, riant.

Son mari... elle y tient.

OLYMPE, le regardant avec étonnement.

Je croyais que les Rudentz étaient tous gentils-hommes.

ÉMILE.

Autant que le roi, madame.

OLYMPE.

Alors, monsieur, vous êtes fou ou vous êtes ivre.

ÉMILE.

Sacrebleu !

OLYMPE.

Comtesse ou comédienne, je suis femme, monsieur, et devant une femme tout gentilhomme en France, fut-il prince, fut-il roi, s'incline et se découvre.

DE FLASSAN, qui a passé à la droite d'Émile, lui ôtant doucement son chapeau. — Bas.

Vous avez mérité la leçon, marquis.

(Grand mouvement de stupéfaction d'Émile. — Il passe à gauche.)

OLYMPE, allant aux deux gentilshommes.

Maintenant, messieurs, je remercie le hasard qui me place en présence des trois hommes qui tout à l'heure m'outrageaient par un doute offensant. Monsieur le comte de Rudentz, s'il avait connu l'insulte, en aurait appelé déjà à son épée. Moi, messieurs, moi, qui ne suis qu'une femme, je puis sans faiblesse en appeler à votre honneur, à votre loyauté.

DE BRIONNE, *s'inclinant.*

Parlez, madame.

ÉMILE.

Peste ! elle est presqu'imposante.

OLYMPE.

Vous me croyiez la maîtresse de monsieur de Rudentz, et vous l'avez dit. J'atteste, et monsieur de Rudentz prouvera que je suis sa femme.

DE FLASSAN.

Nous devons vous croire, madame.

ÉMILE.

Et moi, je ne vous crois pas, sacrebleu ! (De Brionne s'élance vers lui et le calme du geste. — Il s'aperçoit qu'il a encore son chapeau sur sa tête, il le jette sur le fauteuil à gauche.) Pardon, j'achève de me griser. A vous, madame, à vous, messieurs, je parle sérieusement à cette heure. Quand on se marie dans notre famille, c'est devant tous. Le roi signe au contrat, et le plus pur de la noblesse de France nous sert de témoins... Quand l'un de nous prend femme, le château de Rudentz revêt ses plus riches tentures. Les cloches de la vieille paroisse sonnent à toutes volées, et pendant huit jours tous les pauvres sont riches. Madame la douairière de Rudentz pose de ses nobles mains la couronne de comtesse sur le front de la fiancée... la nuit venue, elle bénit sa fille et la conduit elle-même à la chambre nuptiale. A-t-on fait cela, madame ?

OLYMPE.

Non, non... monsieur de Rudentz était à peine convalescent, nous étions à la campagne, dans un village, c'est en présence de pauvres paysans qu'a été célébrée notre union.

ÉMILE, *riant.*

Ah ! palsembleu ! j'y suis alors, vous aviez raison et je n'avais pas tort... mon cousin est un scélérat. A la bonne heure !

OLYMPE.

Monsieur.

ÉMILE.

Oui... c'est cela... un hymen mystérieux dans un village bien ignoré, devant un faux notaire, de faux témoins... un mariage de comédie enfin.

OLYMPE.

Qu'est-ce que vous dites donc, monsieur, je ne vous comprends pas.

(De Brionne et de Flassan remontent au fond.)

ÉMILE.

Allons donc, cela s'est mis vingt fois au théâtre ; depuis cent ans cela fait partie du répertoire.

OLYMPE.

Savez-vous que c'est infâme ce que vous supposez-là.

ÉMILE.

Je ne suppose pas, madame.

OLYMPE.

Assez, monsieur! Que faut-il donc pour vous convaincre que votre parent est mon mari?

ÉMILE.

Il faut, madame, que mon cousin vous conduise au grand jour dans le domaine de notre famille, qu'il s'agenouille avec vous dans la vieille église de notre village, qu'en présence de ses vassaux il vous fasse gravir les degrés du perron de notre manoir féodal, et que là, devant tous, il vous proclame comtesse de Rudentz... Alors, madame, je dirai : mon cousin est fou, mais il est bien marié. (Il prend son chapeau et passe à droite. S'inclinant.) Jusque-là, permettez-moi de croire seulement qu'il est le plus heureux des hommes.

(Il salue et sort par le fond avec de Flassan et de Brionne.)

SCÈNE VI.

OLYMPE, seule un moment, puis KARL.

OLYMPE, s'asseyant à droite.

Oh! c'est trop d'outrage... Karl ne m'a jamais aimée, Karl est un lâche ou il fera ce qu'a dit cet homme.

KARL, entrant vivement, une lettre à la main.

Olympe! chère Olympe! cette lettre de madame de Brionne est une insulte, mais j'en aurai raison.

OLYMPE.

Monsieur le comte, ce n'est plus moi, c'est vous qu'on insulte à présent. On vous accuse, vous un gentilhomme, d'être fourbe et déloyal : on vous accuse de m'avoir trompée par un faux serment, par un faux mariage.

KARL.

Nommez-moi le calomniateur.

OLYMPE, se levant, et éclatant.

Eh! monsieur! ce n'est pas au calomniateur, c'est à la calomnie qu'il faut répondre... elle parle haut, je vous en avertis, parlez donc plus haut qu'elle. On doute de notre mariage, et ce doute est une offense. A présent, Karl, mon honneur est le vôtre. Je ne vous demande pas de défendre cet honneur les armes à la main... l'épée est aveugle, elle tue et ne prouve pas... Ce qu'il faut, ce que je veux, c'est prouver à tous que je ne suis pas une fille perdue protégée par son amant, mais une honnête femme sous la sauvegarde de son mari... Ce que je veux, c'est être conduite par vous au château de vos ancêtres, c'est être présentée par vous à votre mère, à votre mère devant laquelle, toute grande dame qu'elle est, j'aurai la tête haute et le cœur tranquille...

Ce que je veux enfin, c'est être comtesse de Rudentz devant les hommes comme je le suis devant Dieu.

KARL.

Ce que vous me demandez, Olympe, est impossible.

OLYMPE.

Impossible! Ils avaient donc raison, ces hommes?

KARL.

Olympe, je te promets de dissiper le doute et de faire taire la calomnie... mais aller au château de Rudentz affronter le courroux de ma mère, je te le répète, c'est impossible... c'est impossible!...

OLYMPE, après un temps.

Je lis dans votre âme, Karl, votre amour qui n'a pas hésité devant un suicide recule devant un sarcasme, une raillerie... Ce n'est pas devant votre mère que vous tremblez, c'est devant le préjugé... ce n'est pas le respect filial qui l'emporte, c'est votre orgueil... (Karl fait un mouvement.) Mais cela ne peut pas durer ainsi... je deviendrais folle, il faut en finir... Je ne vous demande plus rien, Karl, rien que de me ramener à Paris.

(Elle s'assied.)

KARL.

A Paris?

OLYMPE.

Oui, de là vous courrez à Versailles, vous irez trouver le roi... le roi est tout-puissant, il fera casser notre mariage.

KARL.

Que dis-tu?

OLYMPE, avec amertume.

Oh! rien de plus facile... Le comte de Rudentz, égaré par une aveugle passion, a fait la sottise d'épouser une comédienne, il lui suffira de dire que cette comédienne est indigne de son nom. On le croira, lui! car il parlera au nom de ses aïeux, au nom de la noblesse de France... Le roi vous fera libre, Karl! alors, oh! alors, vous m'aurez faite malheureuse, mais vous pourrez vous montrer fièrement à la cour... vous m'aurez désespérée, mais vous aurez reconquis l'estime de vos nobles amis... vous m'aurez tuée, Karl, mais vous pourrez allez recevoir les caresses et la bénédiction de votre mère. (Karl fait un mouvement. Elle se lève.) Quand partons-nous, monsieur? je suis prête.

KARL.

Olympe! tu viens de me rappeler à moi-même... mon hésitation seule était un crime.

(Il va à la table de gauche et sonne.)

OLYMPE.

Que faites-vous?

(Elle passe à gauche.)

KARL, en passant à droite.

Mon devoir ! (Au valet qui entre.) Joseph, préparez tout pour notre départ, madame la comtesse et moi nous quittons Bourbonne aujourd'hui, tout à l'heure. Prévenez-en messieurs de Brionne, de Flassan et monsieur le marquis de Rudentz surtout, dites-leur qu'avant de partir j'espère recevoir leurs adieux.

LE VALET.

Monsieur le marquis de Rudentz attendait impatiemment le retour de monsieur le comte.

KARL.

Qu'il entre.

LE VALET, annonçant.

Monsieur le marquis Émile de Rudentz.

SCÈNE VII.

LES MÊMES, ÉMILE, paraissant au fond, à droite.

KARL.

Mon cousin, je suis heureux, avant mon départ, d'avoir pu vous présenter à madame la comtesse de Rudentz, votre cousine.

ÉMILE, à part.

Hein ? c'est donc sérieux.

KARL, à Olympe.

Madame, messieurs de Brionne et de Flassan auront aussi l'honneur de mettre à vos pieds l'hommage de leur respect.

OLYMPE.

Où allons-nous, Karl ?

KARL.

Je vous le dirai tout à l'heure, là devant tous. Comme l'offense, la réparation doit être publique, éclatante... (Il la conduit avec respect jusqu'à la sortie de droite. Émile s'incline au moment où elle passe, et descend sur le devant à gauche.) A tout à l'heure, ma belle comtesse, à tout à l'heure.

SCÈNE VIII.

ÉMILE, KARL.

ÉMILE.

Mon pauvre cousin... vous êtes donc vraiment marié ?...

KARL.

Oui, monsieur.

ÉMILE.

Pour tout de bon ! devant un vrai notaire, de vrais témoins ?

KARL.

Oui, monsieur.

ÉMILE.

Très-bien... Monsieur mon cousin, je vous ferai observer

seulement que vous aviez le droit de compromettre votre fortune, elle était à vous: mais qu'avant de compromettre votre nom, vous auriez dû vous souvenir, monsieur, que vous n'étiez pas seul à le porter.

KARL.

Monsieur...

ÉMILE.

Ah! n'allez-vous pas me provoquer aussi, vous? si j'avais le malheur de vous tuer, ma tante ne me le pardonnerait pas; elle aura bien assez de peine à me pardonner l'Amérique... Voyons, mon cousin, touchez là, je n'abandonne pas mes amis dans le malheur; vous êtes marié, c'est à merveille; mais qu'est-ce que vous allez faire de votre femme?...

KARL.

Émile!

ÉMILE.

Est-ce que vous la conduirez à la cour?

KARL.

Sans doute.

ÉMILE.

Pardon... vous ne m'avez pas compris... Est-ce que vous présenterez votre femme à la cour?...

KARL.

Oui, vous dis-je.

ÉMILE.

Mais on ne la recevra pas... Que diantre, nous ne sommes pas dans l'autre monde.

KARL.

Eh bien! je vivrai loin de la cour, voilà tout.

ÉMILE.

C'est cela, vous vous tiendrez renfermé comme un ermite dans votre vieux manoir de Rudentz, si toutefois ma noble tante, la plus fière dame de France et de Navarre veut bien vous y recevoir.

KARL.

J'ai écrit à ma mère; je lui ai demandé comme une grâce d'accueillir avec indulgence, avec bonté, la femme que j'avais jugée digne de mon amour et de mon nom.

ÉMILE.

Eh bien?

KARL.

Madame la comtesse ne m'a pas même répondu.

ÉMILE.

Je l'aurais parié. — Prenez garde, mon cousin, le silence d'une mère à une semblable demande, est presque une malédiction. (*Karl s'assied.* — *Reprenant gaîment.*) Rayons donc Rudentz. Où irez-vous?

KARL.

A Paris.

ÉMILE.

Non.

KARL.

Pourquoi cela?

ÉMILE.

Parce qu'à la ville vous rencontrerez d'autres désagréments... A chaque pas vous vous heurterez contre quelque saltimbanque, ancien camarade de madame la comtesse... ou contre quelqu'ancien ami peut-être.

KARL, *se levant.*

Quelqu'ancien ami, dites-vous?

ÉMILE.

Oui! Les comédiennes en ont comme les autres... (*A lui-même.*) plus que les autres.

KARL.

Emile.

ÉMILE.

Eh! palsembleu, vous êtes mon parent, et votre honneur est le mien. C'est pour cet honneur que j'ai un duel aujourd'hui.

KARL.

Un duel?...

ÉMILE.

Voilà ce que c'est : tantôt je me trouvais à cette place avec messieurs de Flassan et de Brionne. On parlait de ton escapade...

KARL.

Emile...

ÉMILE.

Oui, nous ne croyions alors qu'à une folie. — Et moi le premier, je soutenais que M. de Rudentz n'avait pu... épouser... A ce moment il nous est tombé de je ne sais où un certain monsieur... monsieur Georges.

KARL.

Georges!

ÉMILE.

Oui, un nom très-commun... Ce monsieur s'est mis à nous donner des démentis à n'en plus finir, se portant garant de la vertu de mademoiselle Olympe. Bref... il a fini par nous jeter son gant, et je l'ai ramassé.

KARL.

Attends donc...

ÉMILE.

J'attends... va.

KARL.

Un jeune homme du nom de Georges, dis-tu?

ÉMILE.

Le connais-tu?

KARL.

Non.

ÉMILE.

C'est déjà une bonne chose.

KARL.

Mais je me souviens...

ÉMILE.

Ah! diable!

KARL.

Avant notre mariage... un soir... chez Olympe... On venait de lui remettre une masse de lettres... Elle les avait toutes jetées au feu... toutes... une exceptée.

ÉMILE.

Signée Georges?

KARL.

Oui, c'était ce nom que j'avais cru lire. — Olympe ne put cacher sa joie en... ouvrant cette lettre. C'est de lui... dit-elle avec bonheur... Ce souvenir s'était effacé de ma mémoire, mais aujourd'hui... Oui, oui, plus de doute, un autre avant moi... et cet homme qui la défendait!... c'est lui!... ce ne peut être que lui!...

ÉMILE.

Ou, si c'est un autre, c'est encore plus grave.

KARL, très-agité.

Emile, tu viens de me donner une preuve de ton amitié; eh bien! j'en veux une autre encore...

ÉMILE.

Parle!...

KARL.

Tu ne te battras pas avec monsieur Georges.

ÉMILE.

Ah!

KARL.

Ou du moins tu ne te battras qu'après moi...

ÉMILE.

Mais...

KARL.

Je t'en supplie!...

ÉMILE, à part.

Allons, c'est ma faute! j'aurais dû ne lui dire cela que demain. (Haut.) Ah! justement... voilà notre homme... (Bas.) Et tu veux...

KARL.

Absolument.

SCÈNE IX.

LES MÊMES, GEORGES.

ÉMILE, à part.

C'est assez embarrassant !... Enfin !... (A Georges) Monsieur !... vous allez être bien surpris sans doute ; mais... monsieur le comte sachant que je devais avoir l'honneur de me battre avec vous, m'a prié de lui céder mon tour... Je n'ai pu refuser, il est mon aîné.

GEORGES, à Karl.

Un duel entre nous, monsieur... Est-ce donc parce que j'ai pris tantôt la défense de madame la comtesse?

KARL, avec une colère sourde.

Un mot seulement, Monsieur... Avez-vous écrit quelquefois à madame de Rudentz?

GEORGES.

Non, monsieur le comte ; j'ai écrit à mademoiselle Olympe.

KARL, avec un mouvement.

Ah!

GEORGES.

Et mademoiselle Olympe m'a écrit!

KARL, avec rage.

A vous?

GORGES.

Une lettre!... une seule !...

KARL, s'élançant.

Monsieur.

GEORGES, qui a tiré une lettre de son sein, la tendant au comte.

Voulez-vous la lire, monsieur le comte.

KARL, se calmant.

Moi.

GEORGES, lui montrant du doigt une ligne de la lettre.

Jetez seulement les yeux sur ce passage...

KARL, lisant.

Cimetière Saint-Laurent. Tombe deux cent quatorze. (Étonné.) monsieur!... que signifie cela ?

ÉMILE.

Du diable si j'y comprends un mot.

GEORGES.

J'avais promis... de lui garder le secret, mais vous avez douté d'elle, monsieur, je parlerai.

ÉMILE, à part.

Cela va être triste, je le parierais.

(Il prend un siége et s'assied un peu sur le devant.)

GEORGES.

Messieurs, j'ai vingt-cinq ans, et il y a huit ans déjà que je n'ai plus ma mère... Je suis le fils d'un pauvre gentilhomme, brave marin qui fut tué sur son banc de quart... avant d'avoir pu me laisser son nom... voilà pourquoi on m'appelle Georges, monsieur le marquis. Ma mère ayant perdu l'espoir de voir légitimer ma naissance, voulut du moins se la faire pardonner... elle se promit de faire de son fils autre chose qu'un artisan. Et dans ce but elle usa sa santé, sa jeunesse, sa vie... pauvre mere, j'avais dix-sept ans lorsqu'elle est morte... je ne pouvais plus espérer par mon travail, la rendre un jour riche et heureuse, et pourtant je travaillai avec courage, j'avais encore un but, je voulais pouvoir racheter un jour le petit coin de terre où dormait ma bien-aimée. Dieu ne le permit pas... j'avais fait quelques économies, une maladie cruelle me les enleva. Quelques amis aussi pauvres que moi, découvrirent mon trésor, ils me firent soigner... ils me sauvèrent. Mais quand je fus revenu à la santé, à la raison, je n'avais plus rien! rien!... et le temps était expiré... et l'on me prévenait que bientôt on allait enlever la pierre où était tracé le nom de ma mère...

ÉMILE, à part.

Pauvre jeune homme!... (il se lève.)

GEORGES.

Oh! messieurs, c'est alors que je devins fou, je fis appel à tous ceux que je connaissais; riches ou pauvres... les uns ne pouvaient pas, les autres... enfin... personne ne me répondit, et le moment fatal approchait... Enfin, un soir, comme je passais devant le Théâtre-Français, où se pressait la foule, j'entendis prononcer un nom. On parlait de notre célèbre tragédienne, et l'on disait : elle est bonne autant qu'elle est belle... je courus chez moi, j'écrivis à mademoiselle Olympe. Oh! messieurs cette lettre était bien touchante, je vous jure, il y avait là dedans toutes mes larmes, toutes mes souffrances, je portai la lettre et j'attendis... un jour, puis deux, puis quatre, rien, rien ne venait. Et cependant, j'attendais encore, j'attendais toujours... J'étais seul dans ma triste cellule, la neige tombait à gros flocons, et je la regardais tomber avec joie, car je me disais : la neige cachera la tombe... on ne la retrouvera plus... et on ne me l'ôtera pas. Tout à coup on frappe à ma porte, j'ouvre... un valet me remet une lettre... c'était d'elle, d'Olympe, de mon bon ange... elle avait exaucé mes vœux, elle avait tout arrangé sans me prévenir. Grâce à elle, ma mère avait pour toujours sa place marquée au champ d'asile, et je pouvais, au pied du saule qui l'ombrage, prier pour ma bienfaitrice.

ÉMILE, essuyant une larme.

Sacrebleu! c'est moins gai qu'un duel!

KARL, avec des larmes.

Olympe!... ma bien-aimée, ma femme... j'ai osé te soupçonner!

ÉMILE.

Et moi aussi!... c'est affreux, nous sommes deux croquants.

KARL.

Mais je saurai obtenir son pardon... (à Georges.) le vôtre aussi, monsieur Georges.

GEORGES.

Comment?

KARL.

Vous verrez!... silence!... silence!...

SCÈNE X.

Les Mêmes, DE BRIONNE, DE FLASSAN, dames et gentilshommes, qui commencent à circuler au fond et dans le salon, et qui forment un groupe à gauche.

DE BRIONNE, à Karl.

Nous venons d'apprendre votre projet de départ.

KARL.

Et je vous remercie tous, messieurs, d'être venus, vous pourrez saluer la comtesse qui traversera ce salon avant de monter en carosse.

DE BRIONNE, riant, à Émile.

La comtesse.

ÉMILE, à de Brionne.

A propos, vous savez, monsieur, que je ne me bats pas avec monsieur Georges.

DE BRIONNE, riant.

Il a été prouvé...

ÉMILE, sérieusement.

Que j'étais un sot.

JOSEPH, annonçant.

Madame la comtesse de Rudentz.

ÉMILE, à de Brionne.

Ma cousine, monsieur. (Au groupe de gauche qui fait un mouvement d'é- tonnement.) Ma cousine, messieurs.

(Karl lui serre la main au moment où il remonte au-devant d'Olympe, qu'il amène aupr s de Karl. — Les dames se lèvent à l'entrée d'O- lympe. Émile revient à gauche, près du groupe.)

SCÈNE XI.

Les Mêmes, OLYMPE, puis LA COMTESSE DOUAIRIÈRE
DE RUDENTZ, Domestiques.

KARL, à haute voix, à de Brionne.

Monsieur de Brionne, nous avons reçu la gracieuse invitation
de madame la marquise... (Désignant Olympe.) Madame la comtesse
prie à son tour madame la marquise de vouloir bien honorer de
sa présence la fête qu'elle donnera dans huit jours à son château
de Rudentz.

OLYMPE.

Au château de Rudentz ?...

KARL.

Oui, madame, au château de Rudentz où je vais avoir l'honneur de vous conduire.

OLYMPE, avec des larmes de joie, s'asseyant.

O mon Dieu ! est-il possible !

ÉMILE, à Olympe.

Si madame la comtesse veut me permettre de caracoler à la
portière de son carrosse, je fais vœu d'aller tête nue tout le long
de la route et de ne plus boire de champagne, même à sa santé.

OLYMPE, lui donne la main qu'il baise. — Il retourne à gauche. — Bas,
à son mari.

Karl !... mais... ta mère !...

KARL, avec amour.

Tu l'embrasseras demain.

OLYMPE, avec un cri étouffé. — A part.

Sa mère... j'embrasserai sa mère !...

(A ce moment paraissent au fond deux valets en livrée, précédant une
vieille dame à la démarche lente et fière, et que suivent deux autres
valets. — Émile remonte vers le fond et s'arrête à la vue de la vieille
dame, qui s'arrête aussi au seuil de l'entrée.)

ÉMILE.

Ma tante !

(Il s'incline avec respect sous le geste de la vieille dame qui lui commande le silence.)

KARL, qui, s'adressant aux gentilshommes, n'a rien vu de ce mouvement.

Ne l'oubliez donc pas, messieurs... madame la comtesse vous
attend au château de Rudentz.

LA VIEILLE DAME, qui a descendu lentement.

Au château de Rudentz...

KARL.

Ma mère !

OLYMPE, se levant.

Sa mère !

LA VIEILLE DAME.

Vous pouvez, en effet, y conduire votre femme, monsieur le comte... votre mère vient d'en sortir.

(Mouvement général. — Émile s'incline respectueusement devant la vieille dame, lui présente son bras sur lequel elle s'appule et sort par la gauche, suivie de ses valets. — Tableau.)

ACTE IV.

Quatrième Tableau.

Chez Rose Michon. — Un grand magasin de chaussures, rue Saint-Honoré. Au fond, une montre à droite et à gauche de la porte d'entrée. — Au fond, à droite, un petit comptoir. — Sur le devant, à gauche, une table à ouvrage. — Portes latérales à côté de celle de gauche, et un petit casier à portée de la main.

SCÈNE PREMIÈRE.

ROSE MICHON, assise à la table, LOUISE, ouvrière bordeuse est aussi assise. Un garçon est au comptoir préparant de l'ouvrage.

ROSE, qui tient un registre.

Ah! mon Dieu! Louise, nous avons encore oublié une commande; trois paires de souliers de satin blanc... pour un mariage .. ça devait être envoyé le trois, et nous sommes le cinq. (Prenant les souliers qui sont enveloppés dans du papier.) On les portera toujours... (Elle se lève.) Dans ce temps de remue-ménage, il est bien permis de se tromper de date. (Au garçon.) Tenez Thomas, portez cela... vous savez l'adresse... (Indiquant la porte de droite.) En vous en allant, n'oubliez pas de laisser la petite porte de l'allée ouverte. (Le garçon sort à droite, emportant la commande. Elle regarde au dehors. On aperçoit des groupes de gens qui causent entr'eux.) Encore des rassemblements, et toujours devant chez nous. (Rentrant dans le magasin... A elle-même. Ce que c'est que de grandir, pourtant; nous étions si tranquilles dans notre petite boutique de la rue de la Boucherie; à présent nous avons un beau magasin rue Saint-Honoré, monsieur Michon qui fait autant de discours que de souliers, monsieur Michon a été nommé capitaine dans la milice parisienne... bataillon de la Butte-des-Moulins. C'est superbe! mais on nous a cassé déjà trois fois nos carreaux, et Michon est plus souvent sous les armes qu'à l'atelier. Ah! à propos de monsieur Michon, Louise, savez-vous s'il est éveillé?

LOUISE.

Éveillé... ah ben oui!... Tenez, écoutez plutôt... on l'entend ronfler d'ici (riant), et dire que ça dure comme ça depuis vingt-trois heures.

ROSE.

Pardine! je crois bien! Le pauvre homme a été de garde trois nuits de suite.

LOUISE.

Ah! ça, il est donc militaire, monsieur Michon?

ROSE.

Certainement, et officier encore. (Avec orgueil.) Il porte l'épée.
(Elle vient se remettre à sa place.)

LOUISE, riant.

Ah! oui... à droite.

ROSE, avec reproche.

Ce n'est arrivé qu'une fois, mademoiselle.

LOUISE.

A la revue, et M. de La Fayette s'est moqué de lui.

ROSE.

Eh! mais... M. de La Fayette ne se moque pas de tout le monde.

(Lindor paraît au fond.)

SCÈNE II.

ROSE, LOUISE, LINDOR.

LINDOR, entrant.

Boutique, s'il vous plaît?

LOUISE, allant à lui.

Entrez, monsieur.

ROSE.

Qu'est-ce qu'il faut à monsieur? (Le reconnaissant.) Eh! je ne me trompe pas.

LINDOR.

Madame Rose Michon.

ROSE.

Monsieur Lindor! Oui, c'est bien vous que j'ai vu un jour en berger... n'est-ce pas?

LINDOR.

Moi-même. Il y a longtemps, j'avais l'air de garder les moutons ce soir-là; depuis j'ai presque toujours gardé le lit.

ROSE.

Ah! à cause donc?

LINDOR.

Pour cause de rhumatismes! j'en ai partout, madame Michon.

ROSE.

Asseyez-vous... Où donc avez-vous attrapé cela?

LINDOR, s'asseyant devant elle à la table et se frottant les jambes.

Devant la grille du Luxembourg... par onze degrés de froid.
(Louise rit et disparaît dans la boutique à gauche.)

ROSE.

Qu'est-ce que vous fesiez là?

LINDOR.

J'attendais ma perfide élève! vous savez? la femme de chambre de mademoiselle Olympe.

ROSE.

Ah! oui! je m'en souviens... celle qui m'appelait toujours petite... assez gentille, du reste... mais très...

LINDOR.

Très-effrontée... c'est bien ça.

ROSE.

Eh! bien.

LSNDOR.

Eh bien! pendant que je l'attendais au Luxembourg, elle, elle partait pour Moscou.

ROSE.

Elle a été à Moscou?

LINDOR.

Bien mieux, elle en est revenue, et, sans compter le boyard, elle a déjà mis à sec deux grands marquis, un petit duc et trois gros fermiers-généraux.

ROSE.

Ah! tous ces gens-là l'aimaient?

LINDOR.

Pas du tout. L'aventure du boyard a lancé Clara; elle n'a ni grande beauté ni grand talent, mais elle est à la mode, et il esi du dernier bon ton de se ruiner pour elle.

ROSE, mettant son registre dans le casier.

A la bonne heure!... Mais, j'y pense... Avec vos rhumatismes, mon pauvre monsieur Lindor, vous ne pouvez plus danser.

(Elle revient à la gauche de Lindor.)

LINDOR.

Non! je suis gelé en dedans!... et j'attends...

ROSE.

Quoi donc?

LINDOR, se frottant les jambes.

Le dégel.

ROSE, riant.

Comment vivez-vous en attendant le dégel?

LINDOR.

Je donne des leçons... (Montrant sa pochette.) Tenez, j'ai toujours sur moi ma pochette... si même dans vos connaissances vous entendiez parler... je vous prierais de penser à moi.

ROSE.

Ce n'est pas de refus, monsieur Lindor, et si ça se trouve...

LINDOR.

Et puis je me promène, et je rencontre quelquefois d'anciens camarades qui m'invitent à dîner.

ROSE.

Quelquefois, ça n'est pas toujours... Dites donc, monsieur Lindor, quand vous n'aurez rencontré personne, vous savez... on dîne à deux heures ici.

LINDOR, se levant.

Merci, madame Michon, ça n'est pas de refus. Tenez, il y a deux mois, en juillet, j'avais rendez-vous pour dîner avec un ami au Palais-Royal... c'était justement le jour du renvoi de monsieur Necker. Tout Paris était dans le jardin. On criait, on se poussait, on cassait les chaises, puis on s'est fait des cocardes avec des feuilles d'arbres... on m'en a mis une à mon chapeau, et je n'ai eu que ça pour mon dîner... une cocarde!

ROSE.

Pauvre garçon!

LINDOR.

Quelque temps après, j'avais attrapé un excellent déjeuner,— c'était au coin du faubourg Saint-Antoine... Mais au moment où on allait ouvrir les huîtres... crac... on prend la Bastille!

ROSE.

Et vous n'avez rien pris?

LINDOR.

Si... j'ai pris la fuite.

ROSE, timidement.

Dites donc, monsieur Lindor... là... sans façon... aujourd'hui, est-ce qu'on a encore pris la Bastille?

LINDOR, ému.

Non, merci, ma petite madame Michon... Ah! si du moins j'avais mes trente années de service pour avoir droit à la pension!

ROSE.

Il s'en faut de beaucoup.

LINDOR, comptant sur ses doigts.

Non... Voyons... je suis entré aux Français en... Il ne s'en faut que de vingt-huit ans.

ROSE, passant à gauche près de la table.

Ah çà, monsieur Lindor, vous êtes donc entré ici par hasard?

LINDOR.

Mon Dieu! oui... je croyais entrer chez le premier cordonnier venu... et je voulais faire mettre un petit becquet à... hélas! je fais raccommoder ma chaussure à présent, comme le grand Corneille. (Montrant un escarpin enveloppé dans du papier.) Dire que cet escarpin-là a dansé devant la cour. (Il veut battre un entrechat.) Non... le dégel n'est pas encore venu... Enfin... (A Rose.) Voulez-vous bien?...

ROSE, jetant le soulier sous la table.

On arrangera cela à cause de vous, monsieur Lindor, car nous ne faisons plus que du neuf. (On entend un bruit de voiture.) Tiens, une voiture qui s'arrête... Serait-ce une pratique? (Elle remonte et ouvre la porte de la boutique.) Ah!... c'est une nouvelle, celle-là, je ne reconnais pas le cocher... Dieu! la belle dame! quelle toilette!

LINDOR, regardant au travers des carreaux, avec un cri.

Ah! c'est elle!

ROSE.

Qui? elle.

LINDOR.

Clara. Ah! mes jambes fondent comme de la neige.

(Il tombe assis près de la porte. Clara entre.)

SCÈNE III.

Les Mêmes, CLARA.

CLARA.

Bonjour, petite.

ROSE, à part.

Oh! c'est bien elle!

CLARA.

Je ne suis pas contente de mon cordonnier, je le change; on m'a indiqué votre magasin et je me suis fait arrêter chez vous. Ah! Dieu! ma chère, que votre quartier est désagréable? quel peuple! On écrase quelqu'un à chaque pas... Pourquoi laisse-t-on tous ces gens-là dans les rues? ça gêne la circulation.

ROSE.

Quel genre!

CLARA.

Petite, il faut me chausser à neuf toute ma maison... hommes et femmes, cochers, laquais, cuisiniers, marmitons, etc., etc. Pour moi, il ne me faut presque rien : deux ou trois douzaines de souliers pour attendre l'hiver.

ROSE.

Dans une demi-heure il y aura une caisse d'échantillons à l'hôtel de madame.

CLARA.

C'est bien.

ROSE, lui présentant une plume.

Si madame veut me donner son adresse...

CLARA, après un temps.

Écrire?.. non, ça me gêne... (Déchirant une adresse de lettre.) Tenez, petite.

ROSE, lisant.

Rue du Rempart, numéro sept.

CLARA.

Oui, chez monsieur le comte de ... (Se reprenant.) Chez moi. (A Lindor, qu'elle ne regarde pas.) Mon garçon, appelle mon coureur.

LINDOR, indigné, se levant.)

Moi!

CLARA, étonnée.

Lindor!.. (A part.) Ah! comme il est mal mis.

ROSE, à part.

Je les laisse ensemble.

(Elle sort par le fond, à gauche.)

SCÈNE IV.

LINDOR, CLARA.

LINDOR.

Une voiture! des chevaux! des laquais!.. à vous! à vous, qu'il y a un an j'honorais d'un de mes regards... On a bien raison de dire que la vie est un jeu de bascule. Vous touchez aux frises, Clara, et moi je suis...

CLARA, riant.

Dans le troisième dessous.

LINDOR.

Et ça vous fait rire?... Je vous disais bien que vous seriez ingrate!

CLARA.

Je ne vous ai jamais dit le contraire.

LINDOR, avec amertume.

Pourtant, je vous ai fait ce que vous êtes!

CLARA.

Allons donc! mon cher... je ne dois rien qu'à moi-même... Je me connais... ce n'est pas la danseuse qui est en vogue, c'est la femme!

LINDOR.

C'est juste... je n'ai créé que la danseuse, moi... et le diable a fait la femme. (Elle passe devant lui. — Regardant les diamants.) Et il l'a faite riche!

CLARA.

Riche? non... Je ne sais pas comment cela se fait... mais chez moi, l'argent s'en va comme il arrive. C'est incompréhensible... je ne fais pourtant pas de bien.

LINDOR.

Elle se plaint!... et elle a une fortune aux oreilles!

CLARA.

Ces diamants-là?... Il m'en faut d'autres... dix fois plus beaux!... plus beaux surtout que ceux de cette insolente comtesse de Rudentz, qui l'autre jour a failli écraser mes chevaux.

LINDOR.

Comment?

CLARA.

Je revenais du bois, quand au détour de je ne sais quelle rue, son carrosse et le mien se trouvent côte à côte; je veux disputer le pas... je crie à Saint-Jean : Accroche... verse... mais passe!...

LINDOR.

Il passe !

CLARA.

Non!... il accroche, et le faquin a encore la maladresse de recevoir un magnifique coup de fouet... c'est-à-dire la moitié d'un... car j'ai reçu l'autre, juste au-dessous de l'œil... Ah ! l'on ne m'aurait point fait cet affront, si mon imbécile de carrossier avait mis des armoiries sur ma voiture.

LINDOR , étonné.

Eh bien! mais... où donc les aurait-il prises?

CLARA.

Un peu partout.

LINDOR.

Ah! oui... oui, c'est juste.

CLARA.

Dam ! j'ai été un peu duchesse, un peu marquise, un peu baronne...

LINDOR , la saluant.

Et maintenant, qu'est Madame?...

CLARA.

Comtesse, mon cher... J'avais juré de me venger... et, depuis trois jours, je me venge.

LINDOR.

Du coup de fouet?

CLARA.

Juste!... Ah ! voyons, mon petit Lindor, je suis **bonne fille**, après tout; je ne serais pas allée te chercher, non! mais puisque je te trouve sur mon chemin, je ne te laisserai pas dans la rue.

LINDOR.

Vraiment!

CLARA.

Tiens ! une idée...

LINDOR.

Laquelle ?

CLARA.

Si tu le veux, je t'attache à ma personne.

LINDOR.

Comme quoi ?

CLARA.

Comme intendant... Tu paieras mes fournisseurs. Tu n'auras rien à faire.

LINDOR , se récriminant.

Quelle humiliation !

CLARA.

Eh bien ?

LINDOR , bonnement.

J'accepte.

SCÈNE V.

Les Mêmes, ROSE, le Coureur de Clara.

ROSE , revenant.

Madame, la caisse est dans votre voiture.

CLARA.

C'est bien... (A Lindor.) Tu vois ce garçon ?
(Elle lui montre un coureur qui est près de la porte et qui attend.)

LINDOR.

Oui.

CLARA.

Eh bien! c'est le dernier paysan de M. Boriloff... le seul que je n'aie pas croqué.

LINDOR.

Il est donc bien dur ?...

CLARA.

Allons, viens ; la voiture nous attend.

LINDOR.

Tu m'emmènes ?

CLARA.

Oui, tu monteras...

LINDOR.

Dedans ?

CLARA.

Non.

LINDOR , indigné.

Derrière !...

CLARA.

Ah !... un homme qui m'a aimée...

LINDOR.

A la bonne heure !

CLARA.

Tu monteras devant... avec le cocher. Adieu, petite. (Au coureur.)
Suivez-moi, Moujikoff.

(Elle sort suivie du Coureur.)

LINDOR, en sortant, à Rose.

C'est égal, madame Michon... faites-le toujours raccommoder ; on ne sait pas ce qui peut arriver.

SAINT-PHAR, qui est entré par la porte de droite. — Sur la fin de cette scène, il dépose son parapluie dans un coin. — A lui-même.

Où allons-nous, mon Dieu ! Ces filles-là se pavanent en carrosse, et les grandes dames n'osent plus y monter.

ROSE.

Monsieur Saint-Phar !

SCÈNE VI.

ROSE, SAINT-PHAR.

ROSE, allant à lui.

Il y a un siècle que l'on ne vous a vu.

SAINT-PHAR.

Ah ! je vais vous dire, madame Michon, depuis que j'ai pris ma retraite, j'habite la campagne.

ROSE.

La campagne?

SAINT-PHAR.

Oui, rue de Ménilmontant ; j'ai un logement très-gentil... un petit jardin, avec un arbre.

ROSE.

Et vous êtes heureux?

SAINT-PHAR.

Très-heureux... seulement j'ai beaucoup de chagrin.

ROSE.

Je devine pourquoi.

SAINT-PHAR.

Il y a deux mois que je n'ai vu...

ROSE.

Olympe... n'est-ce pas? Vous n'allez plus chez elle...

SAINT-PHAR.

J'y ai été d'abord... quand son mari l'a ramenée de Bourbonne-les-Bains. Olympe a pu même me raconter sa rencontre avec la baronne de Rudentz...

ROSE.

Oui, sa belle-mère, qui se sauvait d'elle comme de la peste.

SAINT-PHAR.

C'est ça ! Olympe lui a laissé son domaine, ses vassaux, et elle est revenue tout simplement habiter un hôtel à Paris, un grand hôtel... trop grand même, car il n'y vient jamais personne... Olympe me recevait comme autrefois... mais son mari faisait la grimace quand j'appelais Olympe par son nom ou quand je la tutoyais comme autrefois... Je me disais : Il s'y fera, tandis que moi je ne peux pas me défaire d'une habitude de dix ans. D'ailleurs je suis si vieux... ça ne durera guère. Il paraît qu'il a trouvé que ça durait trop! Un jour, je me suis présenté à l'hôtel, et ce jour-là je n'ai pas vu Olympe.

ROSE.

Pourquoi ?

SAINT-PHAR.

C'est bien simple... parce qu'on ne m'a pas laissé entrer.

ROSE.

Olympe ne l'a pas su... sans cela...

SAINT-PHAR.

Olympe... me refuser sa porte... je ne l'ai pas cru une minute. Si la pensée avait seulement pu m'en venir... Elle demeure sur le quai, tout près du pont...

ROSE.

Eh bien?

SAINT-PHAR.

J'aurais été me jeter à l'eau.

ROSE.

Oh !...

SAINT-PHAR.

Et ça n'aurait pas été pour faire un effet, allez ! je n'ai jamais eu cette ambition-là... même quand je jouais la comédie.

ROSE, à part.

Pauvre homme ! il a été bien inspiré de venir aujourd'hui. (Haut.) Ce qu'on vous a fait, monsieur Saint-Phar, me serait arrivé à moi. Monsieur de Rudentz aurait rougi d'avoir une belle-sœur cordonnière... comme autrefois, monsieur Michon m'aurait défendu d'aller chez ma sœur, la comédienne... car, le préjugé ça se fourre partout. J'ai compris cela, et au lieu d'aller me casser le nez chez Olympe, je lui ai écrit : « Sœur, je ne » peux pas monter jusqu'à toi... si tu m'aimes toujours, descends » jusqu'à moi. »

SAINT-PHAR.

Et qu'est-ce qu'elle a répondu ?

ROSE.

Rien !... Elle a descendu.

SAINT-PHAR.

Elle est venue... chez vous ?

ROSE.

Elle y vient une fois par semaine.

SAINT-PHAR.

Une fois par semaine... quel jour ?

ROSE.

Le mardi.

SAINT-PHAR.

Mais c'est aujourd'hui mardi... à quelle heure ?

ROSE.

A une heure.

SAINT-PHAR.

Mais alors elle va donc venir ?

ROSE.

Je l'attends.

SAINT-PHAR.

Elle ! mon enfant, mon Olympe !... je pourrais l'embrasser, et c'est à vous que je devrais ce bonheur-là ! (Il l'embrasse.) Ne faites pas attention ! J'ai eu le temps de faire des économies de tendresse, j'en ai le cœur plein ! Je ne regarde pas à la dépense !

(Il l'embrasse.)

ROSE.

Mais vous allez vous ruiner. (A Olympe qui entre.) **Et ma sœur arrive à temps.**

SAINT-PHAR.

Olympe !

SCÈNE VII.

Les Mêmes, OLYMPE.

SAINT-PHAR.

Mon enfant !

OLYMPE.

Mon bon père !... vous voilà donc, enfin !... Je croyais que vous m'aviez oubliée.

SAINT-PHAR.

Oubliée !

OLYMPE.

Ah ! je suis bien contente de vous voir. Bonjour, Rose.
(Rose veut embrasser Olympe, mais Saint-Phar repousse doucement
Rose et prend sa place.)

ROSE, souriant.

Vieux jaloux.

SAINT-PHAR.

Ah ! dame, écoutez donc, vous n'êtes pas depuis deux mois à la diète à Ménilmontant, vous ?

OLYMPE.

Comment ?

SAINT-PHAR.

Rien, rien !... Assieds-toi là... non... attends. (Il retire la chaise et en met une autre plus belle.) La belle chaise. (Elle s'assied.) Ah ! mais ta chaussure est toute humide. Tu es venue à pied par le temps qu'il fait ? Tu n'as donc pas ton carrosse ?

OLYMPE.

Je l'ai laissé à quelques pas de la maison.

SAINT-PHAR.

Elle va avoir froid. (S'agitant.) Qu'est-ce que je pourrais donc bien mettre sous tes pieds. (Allant à la table et apportant un petit carton.) Voilà mon affaire.

ROSE a approché un petit tabouret. prenant le carton.

Eh bien, mes rubans, à présent.

OLYMPE, donnant la main à Saint-Phar.

Que vous êtes bon ! Asseyez-vous donc là, près de moi.

(Rose a apporté une chaise près de sa sœur.)

SAINT-PHAR, la lui prenant.

Merci, c'est à moi qu'elle a dit de se mettre là. (Rose va en riant de l'autre côté, à la gauche d'Olympe et s'assied sur une petite chaise.) Maintenant, regarde-moi bien... avec ton sourire d'autrefois... Ah ! mon Dieu ! mais il me semble que tu es pâlie... est-ce que tu as été malade ?

OLYMPE.

Non... non, mon père.

SAINT-PHAR.

Alors, tu as du chagrin. (A Rose.) N'est-ce pas qu'elle a eu du chagrin ?

OLYMPE, s'efforçant de sourire.

Mais non... je vous jure...

SAINT-PHAR, la regardant bien en face.

Tu mens ! (Olympe détourne la tête.) Là ! j'en étais sûr ! autrefois tu me disais tout. Tu ne me crois donc plus bon à rien ?... Ton mari t'a contrariée, chagrinée peut-être, mais parle donc ! peine confiée est à moitié consolée.

OLYMPE, pleurant.

Ah ! vous avez raison, mon père ! la douleur qu'on cache et qu'on renferme ronge et dévore le cœur : oui, je souffre, oui, je suis malheureuse !

SAINT-PHAR.

Malheureuse !

OLYMPE

Et je veux tout vous dire, à vous, mes meilleurs amis !

SAINT-PHAR, lui baisant la main.

Oh ! oui, va !

OLYMPE.

Karl avait courageusement lutté contre le préjugé qui me frappait, mais depuis l'heure fatale où la comtesse de Rudentz, sa mère, m'a repoussée, reniée devant tous : une sorte de malé-

5

diction s'est appesantie sur nous... Revenu à Paris avec moi, Karl s'était avec moi enfermé dans notre hôtel ; mon amour, disait-il, remplacerait tout pour lui... et je le croyais... je l'aimais tant !... mais notre solitude qui m'était si douce et si chère ne tarda pas à lui peser. Je le voyais rester durant des heures entières silencieux et sombre... Monsieur Émile de Rudentz, qui nous était au moins resté fidèle, me dit un jour... Karl s'ennuie... prenez-y garde, l'ennui tuera son amour... laissez-moi tenter de guérir mon cousin... et il décida Karl à sortir enfin de son marasme... Il l'emmena avec lui aux courses, à la chasse, et dans quelques cercles, où il retrouvait son monde et ses habitudes d'autrefois. Je restai seule, tout à fait seule, dans cet hôtel où les amis de Karl ne daignaient pas venir, et d'où l'on avait éloigné mes amis à moi.

SAINT-PHAR.

On m'avait refusé ta porte, c'est vrai ; mais si je t'avais su malheureuse, je serais rentré par la fenêtre.

OLYMPE.

Les absences de Karl furent d'abord courtes et rares ; il semblait hésiter à rentrer dans ce courant de plaisirs où cherchait à l'entraîner son cousin... mais bientôt Karl passa hors de l'hôtel, non plus des heures, mais des jours, des nuits. Enfin depuis avant-hier, je ne l'ai pas vu ; il n'a même pas paru à l'hôtel. Alors, j'ai eu peur !... j'ai fait courir sur ses traces... Karl n'avait été vu dans aucun des cercles où il se rend d'ordinaire. Plus tourmentée encore, ce matin, j'ai écrit à Georges, à Georges, mon ami... ma Providence.

SAINT-PHAR, se levant.

Ah ! ce n'est plus moi ?

OLYMPE, de même.

Pardon, mon père, Georges n'est pas plus dévoué que vous ne l'êtes, mais il est plus jeune et il fallait courir dans tout Paris peut-être. Georges devait venir à l'hôtel à trois heures et je me suis oubliée près de vous... Je pars.

SAINT-PHAR, la retenant.

Il pleut à verse !... où donc as-tu laissé ta voiture ?

OLYMPE, prenant sa mante.

Tout près d'ici... rue des Poulies.

SAINT-PHAR.

Attends, je vais la faire avancer.

(Il prend son parapluie et sort par la droite. Firmin entre au fond.)

SCÈNE VIII.

FIRMIN, ROSE, OLYMPE.

ROSE.

Du monde ? monsieur Georges sans doute ? Non, c'est Firmin.

OLYMPE, surprise.

Firmin... qui vous envoie ici?

FIRMIN.

Monsieur Georges... Suivant vos ordres, je l'avais accompagné... Nous avons bien couru, madame, mais enfin, nous avons trouvé...

OLYMPE.

Monsieur de Rudentz?...

FIRMIN.

Oui, madame. Et monsieur Georges m'a envoyé tout de suite vous rassurer.

OLYMPE.

Pourquoi n'est-il pas venu lui-même?

FIRMIN.

Parce qu'il a voulu attendre monsieur le comte.

OLYMPE.

Où donc?

FIRMIN.

Dans une petite maison de la rue du Rempart.

ROSE, à part.

Rue du Rempart?

OLYMPE.

Chez qui monsieur de Rudentz allait-il donc? Enfin, qui donc demeure rue du Rempart?

FIRMIN, embarrassé.

Personne, madame, personne.

OLYMPE.

Ah! vous ne me dites pas tout ce que vous savez, Firmin... Parlez, voyons?

ROSE.

Le numéro de cette petite maison?

FIRMIN.

Numéro sept, je crois.

ROSE, qui a repris l'adresse donnée par Clara.

Numéro sept! Ah! quelle infamie!

OLYMPE, allant à elle.

Qu'as-tu donc?

ROSE.

Je sais qui demeure dans cette maison.

OLYMPE.

Ah! qui donc?

ROSE, embarrassée.

Non... je me trompe peut-être...

OLYMPE.

C'est une femme! (Lui arrachant l'adresse.) C'est une femme! (Lisant.)

Clara... Et ce nom est écrit de la main de mon mari... Clara!... (A Rose.) Comprends-tu? mon mari me tromperait pour...

ROSE.

Oh! c'est impossible!

OLYMPE.

Oui, c'est impossible, ce serait trop infâme! (A Firmin.) Voyons, Firmin, dis-moi la vérité... toute la vérité... je le veux... je l'ordonne!... je t'en prie!... Ma sœur a deviné juste, n'est-ce pas? Mais réponds-moi donc, dis-moi donc si cette fille est la maîtresse de mon mari?

FIRMIN.

J'avais promis à monsieur Georges...

OLYMPE, en passant à gauche.

Oh! c'était vrai!... c'était vrai! Mon Dieu, pour lui j'ai sacrifié toutes mes joies, tous mes succès; pour lui, j'ai subi tous les dédains, toutes les humiliations. Je me disais : il m'aime; et il me trahit! Il se parjure! lui! lui!...

ROSE.

Olympe! calme-toi.

OLYMPE, passant à droite.

Oh! je n'ai plus de larmes dans les yeux!... plus de sanglots dans le cœur... je ne suis pas de celles qui se résignent saintement à l'abandon, au désespoir... Je ne suis pas non plus de celles dont un amant sèche les larmes... Je n'ai jamais su tromper! Je ne veux pas qu'on me trompe. (Allant à Firmin.) Rue du Rempart, numéro sept, n'est-ce pas? tu vas m'y conduire.

FIRMIN.

Moi, madame?

OLYMPE.

Je le veux.

ROSE.

Quoi! tu irais?

OLYMPE.

Oh! ce n'est pas d'une grande dame... je le sais bien, mais après tout, je ne suis pas de leur monde... Ils me l'ont assez dit!...

ROSE.

Mais que vas-tu chercher là-bas? que veux-tu?

OLYMPE.

Je veux mon mari!

ROSE, mettant sa mante.

Je vais avec toi!

OLYMPE.

Embrasse-moi, ma sœur... car je puis en mourir... Viens, viens, partons!

(Elles sortent suivies de Firmin.)

Cinquième Tableau.

A LA PETITE MAISON DE KARL DE RUDENTZ.

Un riche salon avec trois entrées donnant sur un autre salon. — Portes latérales. — Lustres et girandoles allumés. Tout respire les apprêts d'une fête de nuit.— A droite, sur le devant, un canapé.— Fauteuils, chaises.

SCÈNE PREMIÈRE.

LINDOR, maître de ballets, DANSEUSES.

Au lever du rideau, les danseuses sont groupées pour le divertissement du *Bourgeois Gentilhomme*.

LINDOR, tenant sa pochette et battant la mesure.

En mesure, mesdames... (A une danseuse, à droite.) Nanine, tu ne te presses pas assez.

NANINE, s'arrêtant.

Oh! mais je ne suis pas pressée, moi.

LINDOR.

Et la mesure, malheureuse, et la mesure! (A une autre danseuse, à gauche.) Ah! bon, voilà Esther qui va trop vite.

ESTHER.

Tiens, c'est pour avoir plus tôt fini.

LINDOR, à Esther.

Voyons, ta variation... (Il l'accompagne en jouant de la pochette, puis il s'arrête tout à coup.) Qu'est-ce que c'est que ça? qu'est-ce que c'est que ça? Mais je ne t'ai pas montré ça? Tiens... (Chantant et dansant.) Tra la, la, la. (S'arrêtant, et poussant un petit cri.) Aïe!... (Se frottant les jambes. On rit.) Oh! le dégel n'est pas encore venu. (A Esther, avec humeur.) Allons, danse comme tu voudras. (L'accompagnant.) Plus de grâce dans les bras... plus de nerf dans les jambes. (Aux autres danseuses.) Maintenant, au groupe gracieux.

(Elles forment un groupe sur le devant, à droite.)

SCÈNE II.

LES MÊMES, ÉMILE, entrant du fond, à gauche.

ÉMILE, applaudissant.

Bravo!... bravo!... (Le ballet cesse.) Eh bien, monsieur Lindor, il me semble que votre répétition va bien...

LINDOR.

Mais, oui, monsieur le marquis... je me plais à croire que ce petit ballet ne déparera point la fête que mademoiselle Clara donne ce soir dans sa petite maison de la rue du Rempart.

ÉMILE.

Sa petite maison?... oh! elle n'est pas encore à elle...

LINDOR.

Oh ! monsieur le comte, assure-t-on, la lui donnera en toute propriété, au dessert.

ÉMILE.

C'est ce que nous verrons...

LINDOR, aux danseuses.

Mes petites chattes, si vous voulez bien passer dans la serre. j'irai vous y retrouver... ça a très-bien été... nous recommencerons ça une dixaine de fois. (Murmures des danseuses.) Elles sont pleines de bonne volonté. (Haut.) Partez et partez en cadence, (Les danseuses sortent en danssant. — Revenant, à part.) Ah ! toutes ces petites femmes... elles sont bien désagréables. (Haut, à Émile qui est assis à gauche.) Monsieur le marquis, quoique vous en disiez, votre cousin est dans les griffes de cette chère Clara, il y est complétement.

ÉMILE.

Oui, le diable s'est mis de moitié avec cette péronnelle... elle avait son coup de fouet sur le cœur...

LINDOR.

Juste au-dessous de l'œil.

ÉMILE.

Elle avait juré de se venger de la comtesse de Rudentz... et elle s'est tenu parole... (Se levant et passant à droite.) Comment cela s'est-il fait !... en vérité. je serais fort empêché pour le dire au juste... seulement, autrefois, Karl ne rentrait que rarement à l'hôtel ; à cette heure, il n'y rentre plus du tout... mais, palsambleu, ça ne durera pas !

LINDOR.

Vous avez un moyen pour rompre cette union mal assortie ?

ÉMILE.

Peut-être...

LINDOR.

Vraiment ?

ÉMILE.

Et il est bien simple... je soufflerai mademoiselle Clara à mon cousin.

LINDOR.

Bah ?... vous l'aimez donc aussi ?

ÉMILE.

Du tout, je ne peux pas la souffrir... ça m'ennuiera effroyablement, mais on se doit à sa famille...

LINDOR,

Chut !... la voilà...

SCÈNE III.

LES MÊMES, CLARA, en grande toilette.

CLARA, entrant de gauche... à Lindor... sans voir Émile.

Eh bien, monsieur mon intendant... la fête de ce soir sera-t-elle?...

(Elle prend le milieu.)

LINDOR.

Magnifique... quant à ce qui me concerne, musique, danse, souper, rafraichissements... tout sera splendide!... Pour ce qui est de la liste des invitations, vous savez que cela ne me regardait point.

CLARA.

Non, non... (Apercevant le marquis.) Votre servante, monsieur le marquis... (A Lindor.) Nous aurons une société très-brillante, tout le corps de ballet de l'Opéra d'abord, et quelques dames de la Comédie-Française. Seulement, elles m'ont demandé la permission de venir masquées.

ÉMILE, riant.

Oh!... oh!...

CLARA.

Elles désirent garder l'incognito jusqu'au dessert. Monsieur l'intendant... vous savez le réglement. On n'est reçu qu'en costumes ou en dominos.

ÉMILE, se récriant.

Ah!

CLARA.

Messieurs de la cour exceptés.

ÉMILE.

A la bonne heure.

CLARA, en passant, à gauche.

Ici, nous vous gardons vos priviléges.

ÉMILE.

Nous n'en aurons bientôt plus ailleurs.

LINDOR, s'approchant de lui.

Heureusement, messieurs, qu'il vous reste vos petites maisons, où l'on s'amuse encore.

ÉMILE.

Où l'on s'étourdit du moins... nous jouons de notre reste. (Bas, à Clara.) Charmante nymphe, ne pouvons-nous être seuls un moment?

CLARA, à Lindor.

Lindor, allez donner un dernier coup d'œil à vos préparatifs; surpassez-vous, mon cher, ayez de l'imagination... au moins...

LINDOR, à part.

Sois bien insolente, va...

CLARA.

Eh bien ?...

LINDOR.

J'obéis. (A Émile, en sortant.) Oh! vengez-moi, monsieur le marquis! vengez-moi!

SCÈNE IV.

ÉMILE, CLARA.

CLARA, allant s'asseoir sur le canapé, à droite.

Vous avez à me parler, marquis? Qu'avez-vous à me dire?

ÉMILE, à part.

Essayons encore... (Haut.) Est-ce que vous ne vous en doutez pas un peu?

(Il se tient debout derrière le canapé.)

CLARA.

Si fait, mais c'est égal, dites toujours.

ÉMILE.

Vous savez où j'en étais resté hier?

CLARA, cherchant.

Mais, non.

ÉMILE.

Oh! alors, j'efface tout et je recommence.

(Il lui baise la main.)

CLARA.

Décidément... vous m'aimez donc toujours?

ÉMILE, avec passion.

Toujours!... (A part.) Par dévouement.

CLARA.

Eh bien! après?

ÉMILE.

Là... entre nous, est-ce que vous tenez beaucoup... à mon cousin?

CLARA.

Mais certainement.

ÉMILE, riant.

Bath! il manque de gaieté, d'entrain, tandis que moi... je vous jure que nous ririons beaucoup.

CLARA.

Comment, monsieur, vous voulez m'aimer pour rire?

ÉMILE, venant s'asseoir près d'elle.

Mais non! mais non! C'est, au contraire, une affaire très-sérieuse pour moi... Le joli pied! les beaux yeux!.. Dites donc, si nous fuyions ensemble... (A part.) je la mènerais loin.

CLARA.

Fuir? Vous allez trop vite, marquis.

ÉMILE.

Je vais comme les événements. (Il lui baise l'épaule.)

CLARA, le fixant.

Vous êtes audacieux, marquis.

ÉMILE.

Bah! (A part.) C'est par dévouement.

CLARA.

Savez-vous quelle idée me vient, monsieur le marquis?

ÉMILE.

Voyons?

CLARA, avec doute.

Il me semble que ce baiser est un baiser de Judas.

ÉMILE.

Oh!

CLARA.

Et que vous ne m'aimez pas le moins du monde.

EMILE, à part.

Ah çà! elle est donc sorcière?

CLARA.

Vous voulez me brouiller avec le comte.

ÉMILE.

Lisez donc dans mes yeux.

CLARA.

Je n'y lis rien du tout.

ÉMILE, soupirant.

Mais voyez donc mon émotion.

CLARA.

Laissez-moi donc tranquille, vous n'êtes pas ému... Je m'y connais.

ÉMILE.

Ne parlez pas ainsi, belle Clara, vous me désespérez... Tenez, je suis à vos pieds.

(Il s'agenouille.)

CLARA.

Qu'est-ce que cela prouve?

ÉMILE.

J'embrasse vos genoux.

CLARA.

Ça ne prouve rien encore.

ÉMILE.

Ah! mais...

5.

CLARA.

Voulez-vous que je croie à votre amour?

ÉMILE.

Oui!.. Ah! oui!..

CLARA.

Eh bien, épousez-moi.

ÉMILE, sautant en arrière.

Plaît-il?

CLARA.

Il me faut un titre. Oui, c'est une idée fixe que j'ai depuis l'aventure du carrosse. Je voulais être duchesse, vous n'êtes que marquis, mais faites-moi marquise d'abord... moi, je vous ferai duc.

ÉMILE, se levant.

Merci! (A part.) L'impertinente créature?

CLARA, se levant.

Plaît-il?.. Vous dites?..

ÉMILE.

Rien.

CLARA.

Après tout, vous ne feriez que ce que votre cousin a fait lui-même.

ÉMILE.

Ah! permettez...

CLARA.

N'a-t-il pas épousé une femme de théâtre?..

ÉMILE.

Oui, mais...

CLARA.

Monsieur le marquis, c'est à prendre ou à laisser.

ÉMILE, saluant.

Je laisse. (A part.) Palsambleu! je ne peux pas pousser le dévouement jusque-là.

(Georges paraît au fond.)

SCÈNE V.

LES MÊMES, GEORGES.

CLARA, bas à Émile.

Quel est donc ce monsieur?

ÉMILE, allant à Georges et lui donnant la main.

Monsieur Georges.

GEORGES.

Monsieur le marquis! (Saluant Clara.) Madame.

CLARA, saluant.— A part.

Mais je ne l'ai pas invité, ce monsieur.

GEORGES.

Madame, si je me présente dans cette maison, c'est qu'on m'a dit que j'y trouverais monsieur Karl de Rudentz.

CLARA.

Il n'est pas encore arrivé, monsieur.

GEORGES.

Je vous demanderai alors la permission de l'attendre.

CLARA.

A votre aise. (Au marquis.) Votre bras, mon ennemi... car nous sommes ennemis.

ÉMILE (Il lui offre son bras; ils se dirigent vers la droite).

Intimes!

CLARA.

Quand commencerons-nous les hostilités?

ÉMILE.

Au dessert; c'est le moment où la vérité sort des bouteilles.

CLARA.

Soit!

(Émile l'a accompagnée jusqu'au seuil de la porte; il lui baise la main et revient vivement à Georges.)

SCÈNE VI.

GEORGES, ÉMILE.

ÉMILE, lui prenant la main.

Ah! mon cher ami, c'est le ciel qui vous envoie.

GEORGES.

Comment?

ÉMILE.

Vous sauverez mon cousin... mon cousin qui se noie... moi, je suis à bout de forces. Tout ce que je peux faire, je le vois bien, c'est de me noyer avec lui... C'est vrai!... c'est comme le diable qui s'en mêle!... Ainsi chaque jour je viens ici, dans sa petite maison... car il a une petite maison, lui... un homme marié! et je n'en ai pas, moi qui suis garçon. Enfin, j'arrive ici avec les meilleures intentions du monde... avec des sermons plein mes poches... Mais, bast! dès les premiers mots il me rit au nez... je perds mon sérieux et je ris avec lui. Cette péronnelle remplit mon verre; je bois à sa santé sans m'en apercevoir... et au lieu d'emmener mon cousin avec moi, il se trouve que je reste avec lui... Tenez, ce soir encore on soupe ici; eh bien! je me connais... je souperai... C'est désolant!... mais, que voulez-vous, je ne suis pas un homme grave comme vous, monsieur Georges, mais j'ai du cœur cependant, à jeun; et, palsambleu! je suis furieux quand je songe que c'est moi qui suis cause...

GEORGES.

En effet, monsieur le marquis...

ÉMILE.

Mais aussi, ce diable de cousin! une fois lancé, il n'y a plus moyen de l'arrêter. Je voulais bien le distraire quelque peu de ses chagrins de famille; mais il prend de la distraction à s'en rendre fou. Je lui disais : le jeu émoustille; risque quelques centaines de louis; et il a jeté sa fortune sur le premier tapis vert venu, sans regarder même si on le gagnait ou si on le volait. Enfin il a tout poussé à l'extrème!... Ainsi, on peut prendre une Clara, mais on ne la garde pas.

GEORGES.

Monsieur de Rudentz aime-t-il cette femme?

ÉMILE.

Oh! non, non, pas plus qu'il n'aime le jeu ni le vin. Ce qu'il cherche, ce n'est pas le bonheur, ce n'est pas même le plaisir... c'est l'ivresse... c'est l'oubli.

GEORGES.

Voudrait-il oublier la comtesse?

ÉMILE.

Non, non, il veut oublier la malédiction de sa mère... malédiction qui pèse sur sa vie, et qui la lui a rendue insupportable... mais, j'en suis sûr, sans force pour rompre les nœuds infâmes qui l'enlacent et le déshonorent, il bénirait la main qui viendrait violemment les briser.

GEORGES.

Vous croyez?... C'est bien, monsieur le marquis, cette main sera la mienne.

(Il lui tend la main.)

ÉMILE.

La vôtre... j'y comptais... Silence! voici mon cousin, je vous laisse avec lui. Tàchez d'être plus heureux que moi.

(Il sort par la droite.)

SCÈNE VII.

GEORGES, KARL.

KARL.

C'est vous, monsieur Georges!... vous ici... mais, si vous aviez à me parler, que ne vous présentiez-vous à mon hôtel?

GEORGES.

A votre hôtel, monsieur le comte... on ne vous y rencontre plus, et ce que j'ai à vous dire ne souffre ni lenteur ni délai.

KARL, déposant son chapeau au fond.

Alors, monsieur, veuillez vous asseoir, je vous prie.

GEORGES.

Monsieur le comte, j'assurais tout-à-l'heure à madame de Rudentz que son mari l'aimait toujours et n'aimait qu'elle.

KARL.

Monsieur !

GEORGES.

Me suis-je trompé?... J'ai dit à madame de Rudentz qu'on avait calomnié son mari, et que je le lui ramènerais toujours digne d'elle, toujours digne de son amour. (Mouvement de Karl.) Ai-je eu tort, monsieur le comte?

KARL.

Permettez-moi, monsieur... de trouver au moins étrange que vous vous soyez chargé d'une semblable mission...

GEORGES.

Pourquoi cela, monsieur?...

KARL.

Parce qu'un parent seul aurait pu l'accepter, et madame la comtesse n'a pas de famille.

GEORGES.

Pas de famille... Vous vous trompez, monsieur le comte. (Mouvement de Karl.) Et si vous avez cru pouvoir briser le cœur de votre femme, sous prétexte qu'elle n'avait personne pour la défendre, pour la protéger... vous avez eu tort : madame de Rudentz n'est pas seule au monde, elle a un frère qui est prêt à mourir pour elle.

KARL, se levant.

Mais, mon cher monsieur, ceci ressemble fort à une menace.

GEORGES, de même.

Pardonnez-moi, alors... monsieur, je ne menace pas, je supplie!... Monsieur le comte, je vous en conjure... revenez vous asseoir à ce foyer que vous avez déserté depuis si longtemps pour des amours indignes de vous, indignes du nom que vous portez...

KARL, avec raillerie.

Une leçon... monsieur Georges!... Lequel de nous deux est l'aîné, je vous prie?...

GEORGES.

Celui de nous deux qui se respecte le plus.

KARL, avec un peu de colère.

Monsieur !...

GEORGES.

Si vous saviez comme cet hôtel est devenu triste et désolé depuis que vous n'en franchissez plus le seuil... Si vous aviez vu votre Olympe, comme je l'ai vue hier... ses beaux yeux baignés

de larmes; si vous l'aviez entendue, la pauvre abandonnée...
elle n'avait pas un reproche sur les lèvres, pas une malédiction
dans le cœur; elle aussi vous rappelait avec des prières, avec
des sanglots. Songez, monsieur le comte, que vous êtes tout son
amour, tout son bonheur dans ce monde; songez que l'abandon
désespère et que la jalousie tue... Et Olympe est au désespoir,
et Olympe se meurt.

KARL.

Olympe!... Olympe!...

GEORGES.

Vous êtes ému, monsieur le comte!... Oh! vous l'aimez toujours, et j'ai gagné sa cause, n'est-ce pas?

KARL.

Oui, et demain...

GEORGES.

Demain! mais demain cette femme qui a déjà fait tant de mal
aura repris sur vous son funeste empire, elle aura effacé jusqu'à la trace des larmes que je vous ai vu répandre, elle étouf-
fera en vous tout remords et tout souvenir... Non, ce n'est pas
demain, c'est aujourd'hui, c'est à l'instant même qu'il faut fuir
cette femme, qu'il faut quitter cette maison.

KARL.

Aujourd'hui... mais c'est impossible, vous le voyez bien.
(Il montre les apprêts du bal, et passe à gauche.)

GEORGES.

Impossible! ah! oui, parce que mademoiselle Clara donne
une fête?... Eh bien! que vous importe?... Il y aura fête sans
vous ici... il n'y aura pas de fête sans vous là-bas.

KARL.

Finissons-en, monsieur... nous n'avons plus rien à nous dire.
(Il remonte vers le fond à droite.)

GEORGES.

Vous vous trompez, monsieur le comte!

KARL.

Monsieur Georges, n'insistez pas davantage...

GEORGES, avec résolution.

J'ai juré à madame de Rudentz que, ce soir même, vous auriez rompu avec votre maîtresse.

KARL, avec colère.

Monsieur!...

GEORGES, froidement.

J'ai toujours tenu mes serments.

KARL.

Et comment ferez-vous pour tenir celui-là?

GEORGES.

Je m'adresserai d'abord à votre loyauté...

KARL, raillant.

Et ensuite?...

GEORGES.

Ensuite!... à mon épée.

KARL.

Si vous commenciez par là?

GEORGES.

Soit.

KARL.

En vérité, vous êtes fou, monsieur.

GEORGES.

Monsieur le comte, je vous attends.

(Bruit de voitures.)

KARL.

Vous entendez... les carrosses entrent dans la cour... je ne puis m'éloigner en ce moment. Je ne puis me battre ce soir.

GEORGES.

Vous vous battrez pourtant, car je suis bien décidé à ne pas vous laisser une heure de plus dans cette maison.

KARL.

Vous oubliez, monsieur, que je puis appeler.

GEORGES.

Vous oubliez que je puis vous insulter, moi.

KARL.

Assez, monsieur, où irons-nous?

GEORGES.

Derrière le rempart, si vous le voulez bien?

KARL, prenant son chapeau et passant à gauche

Soit... Mais nous n'avons pas de témoins... et dans ces conditions-là une rencontre est une mauvaise affaire.

GEORGES.

J'ai tout prévu, monsieur. (Tirant un papier.) Voici un passeport en blanc, il appartiendra a celui de nous deux qui devra partir pour éviter les poursuites.

KARL, qui a examiné le papier.

Marchons, monsieur! Du monde... Il ne faut pas qu'on se doute... Prenez mon bras, monsieur Georges.

Ils se prennent le bras. Clara et Lindor paraissent au fond, à droite.

SCÈNE VIII.

Les Mêmes, CLARA, LINDOR.

CLARA, en entrant.

Lindor, le souper ici, n'est-ce pas ?

LINDOR.

Tout est préparé.

CLARA, à Karl.

Vous partez, mon ami ?

(Georges lui quitte son bras.)

KARL.

Pour une minute... Soupez toujours sans nous... dans un instant nous revenons.

CLARA.

Vous me le promettez !

(Elle lui présente sa main, qu'il baise.)

KARL.

Je vous le promets.

GEORGES, à part.

Oh ! il partira !

(Ils sortent.)

SCÈNE IX.

CLARA, LINDOR, ÉMILE, DE BRIONNE, DE FLASSAN, Gentilshommes, ESTHER, NANINE, DENISE, Dames masquées, Dominos. Plus tard UN DOMINO BLANC et UN DOMINO ROSE.

CLARA.

Ah ! voilà tout notre monde.

(Elle va au-devant des invités et les conduit à leurs places.)

ÉMILE, au fond.

Je ne me trompe pas... c'est bien Karl qui s'éloigne avec Georges ! avec Georges qui va le rendre à sa femme !... La belle Ariane serait abandonnée !... (Descendant en scène.) Ah ! palsambleu ! je souperai ce soir de bon appétit.

En ce moment on entend, dans une pièce voisine, une douce symphonie.

CLARA, à Lindor.

Lindor, faites servir.

LINDOR, lui remettant une petite sonnette.

Quand madame voudra bien sonner...

Elle agite une sonnette. Aussitôt une trappe s'ouvre et une table richement servie apparaît.

TOUS.

Bravo ! bravo !

(Lindor disparaît.)

ÉMILE.

Bravo! Monsieur de Richelieu n'avait pas une petite maison mieux machinée.

CLARA.

Allons, messieurs, je vous en préviens, on se sert soi-même : les valets n'entrent pas ici.

Les hommes placent les siéges autour de la table.

DE BRIONNE.

Nous serons, si vous le voulez bien, vos serviteurs.

DE FLASSAN.

Ne sommes-nous pas toujours vos esclaves?

CLARA.

A table, messieurs.

TOUS.

A table!

On se place à table.

DE FLASSAN, au bout de la table, à droite.

De Brionne, étiez-vous hier au repas des gardes-du-corps à Versailles?

DE BRIONNE, au bout, à gauche.

Non; mais il a fait un tel bruit que l'écho en est venu à Paris... qui s'en émeut depuis ce matin... et l'on casse pas mal de reverbères..

DENISE, faisant face au public.

Ah! je vous en préviens... on ne parle pas politique.

DE FLASSAN.

Peut-on du moins parler d'amour?

CLARA, au milieu et tournant le dos au public.

Pas encore.

DE FLASSAN.

Vous me préviendrez, hein?

ÉMILE, debout.

Oui, on avertira.

DENISE, à de Brionne qui est venu près d'elle et qui boit dans son verre.

Dites donc! si vous vouliez bien ne pas boire dans mon verre.

DE BRIONNE.

Pardon! c'est exprès.

DENISE.

On n'a pas encore averti.

On rit.

CLARA, montrant de Flassan qui cause avec un gentilhomme.

Je vous dénonce M. de Flassan.

ÉMILE.

Qu'a-t-il fait?

CLARA.

Il a encore parlé politique.

TOUS.

A l'amende !

CLARA.

Je le condamne à une chanson très-gaie.

DE FLASSAN.

Je me déclare insolvable... On n'est plus gai à Paris.

ÉMILE.

Allons donc... quoi qu'il arrive en France, on aime, on boit,
on rit et on chante toujours. Je vais payer pour toi, vicomte.

DE FLASSAN, lui cédant sa place.

Bravo, marquis, paie pour moi.

ÉMILE, debout.

CHANSON.

AIR *de M. Hippolyte Gondois.*

Il nous reste une heure sereine,
Pour le vin, l'amour et le bruit !

TOUS.

Il nous reste, etc.

ÉMILE.

Car la folie est encor reine,
Encor reine pour une nuit !

TOUS.

Car la folie, etc.

ÉMILE.

La beauté, ce soir, nous console,
Près d'elle, au moins, nous oublierons,
La gaîté, pour être plus folle,
Veut s'étourdir. Buvons, chantons !
Prodiguez-nous, belles maitresses,
    Et vos caresses
    Et votre amour.
Il nous faut une double ivresse ;
    Dame Sagesse
    Aura trop tôt son tour.
Il nous reste une heure sereine
Pour le vin, l'amour et le bruit !

TOUS.

Il nous reste, etc.

ÉMILE.

Car la folie est encore reine,
Encor reine pour une nuit !

TOUS.

Car la folie, etc.

ÉMILE, descendant un peu sur le devant. — Clara se lève et lui verse un verre
de Champagne.

Dans mon verre, où ce vin pétille,
En rose, je vois l'avenir;
Dans vos yeux, lorsque l'amour brille,
Je ne veux croire qu'au plaisir.
Va loin de moi Peur au front blême,
Je bois et j'aime.
A ma grandeur
Je dis adieu! Mais la victime
Près de l'abîme
Cueille encor une fleur.

Il baise l'épaule de Clara. On entend comme une rumeur au loin, puis
le tambour qui bat le rappel et le bruit des réverbères que l'on casse.
Mouvement général de stupeur. Au même moment paraissent au fond
les deux dominos, qui prennent place pendant la reprise du chœur.

ÉMILE, riant et reprenant le dessus.

C'est l'orage annoncé qui passe... Chantons plus fort, nous
ne l'entendrons pas!

TOUS.

Il nous reste, etc.

TOUS, après le chœur.

Bravo! bravo!

DE FLASSAN, regardant le domino noir qui est à sa place à droite.

Tiens! ma place est prise.

DE BRIONNE, de l'autre côté, voyant le domino rose.

La mienne aussi.

CLARA, qui n'a pas vu ce jeu de scène, élevant son verre.

Messieurs, je propose un toast, comme on dit à Londres.

TOUS.

Ah! voyons.

CLARA.

A la comtesse de Rudentz!

On rit.

ÉMILE.

Hein?

DE BRIONNE.

A laquelle?

ÉMILE.

Il n'y en a qu'une, messieurs.

CLARA.

Vous vous trompez, marquis; il y en a deux, et je vaux bien l'autre.

ÉMILE.

Allons donc!

CLARA.

Ne suis-je pas aimée comme elle l'a été, et ne suis-je pas aussi une artiste?

LE DOMINO NOIR.

Une artiste! vous?

Mouvement général.

CLARA, étonnée.

Plait-il?

Le domino rose s'approche vivement du domino noir.

LE DOMINO NOIR.

Savez-vous seulement ce que c'est qu'une artiste?

ÉMILE, à part.

Cette voix...

CLARA.

Mais, madame...

LE DOMINO NOIR.

Une artiste! c'est la femme qui a voué sa vie au culte de tout ce qui est beau, de tout ce qui est noble... c'est la femme qui n'a qu'une ambition, qu'un désir... Dérober une étincelle de ce feu sacré qu'on nomme le génie! celle qui consent à pâlir sur les œuvres des maîtres pour en arriver à traduire les élans de leur cœur. Chanteuse, celle qui, à force d'études et de travail, en vient à surprendre les secrets d'une divine harmonie... Danseuse enfin, celle qui brise son corps comme les autres brisent leur âme, et que Dieu récompense en lui donnant des ailes. Oui, toutes celles-là sont des artistes, madame... Celles-là, pour une heure de triomphe, se condamnent sans regret à des jours sans repos, à des nuits sans plaisirs... (Elle se lève.) Une artiste!... vous?... Eh bien! voyons, répondez!... Qu'avez-vous fait de vos jours? qu'avez-vous fait de vos nuits?... Vous vous taisez... Je vais vous le dire, moi : vous et vos pareilles, vous avez fait de l'art un métier, et du théâtre un piédestal à votre infamie. Enrichissez-vous dans vos boudoirs; mais n'avilissez plus l'art et ne déshonorez plus le théâtre.

BRIONNE.

Bravo! bravo! A bas les masques!

TOUS.

Oui, oui!

Plusieurs femmes se démasquent et font un pas vers le domino noir. Le domino rose se place entre les femmes et le domino noir.

DE RUDENTZ.

Qui de vous, messieurs, les fera tomber?

CLARA, furieuse.

Mais enfin, quelle est donc cette femme qui m'insulte ainsi chez moi?

OLYMPE, se démasquant.

Chez vous?

TOUS.

La comtesse!

ROSE, se démasquant.

Ah! j'avais besoin d'air.

DE RUDENTZ, bas.

—Vous ici, madame?

OLYMPE, bas.

J'ai tout appris... je suis venue... (A Clara.) Vous avez dit chez vous, je crois? Vous mentez! Vous êtes ici chez monsieur le comte de Rudentz, chez mon mari... Vous êtes ici chez moi.

CLARA, avec défi.

Ah!

ROSE.

Vous voulez qu'on vous le prouve! Oh! ça ne va pas être long.
Tout le monde remonte au fond.

CLARA, avec dédain.

Qu'est-ce que c'est, petite...

OLYMPE.

Vous êtes chez moi, vous dis-je, et vous comprenez bien que que nous ne pouvons pas y demeurer ensemble.

CLARA.

Ah! par exemple!
Elle va pour s'asseoir, Rose lui enlève sa chaise.

ROSE.

Oh! ce n'est pas la peine.

CLARA, colère.

Mais...

OLYMPE.

Ah! je devine... Je vous demandais tout à l'heure ce que vous faisiez de vos nuits... Vous les vendez, n'est-ce pas... Eh bien!... (Elle lui jette sa bourse.) Vous êtes payée, sortez!

CLARA.

Oh! c'est trop d'outrage! chassée!... chassée!... (A son coureur qui est au fond.) Ma voiture! (A Olympe, comme suffoquant.) Madame! .. madame!... (Changeant de ton.) Ah! bah! je retourne en Russie!
Elle sort.

SCÈNE X.

Les Mêmes, FIRMIN.

FIRMIN, accourant de gauche.

Ah! mon Dieu!... du secours!.. du secours!...

Tout le monde remonte au fond.

OLYMPE.

Qu'est-il arrivé? voyons, parle!

FIRMIN.

Ah! madame... c'est épouvantable... Un duel au bout du jardin... monsieur le comte et un étranger; l'un des deux est tombé.

Elle va pour sortir. Georges parait à gauche; il est soutenu par deux laquais.

SCÈNE XI.

Les Mêmes, GEORGES.

OLYMPE, avec un cri.

Ah!

ROSE.

Monsieur Georges.

Elles s'élancent vers lui. On le fait asseoir.

GEORGES, d'une voix affaiblie, à Rudentz.

Ah! je savais bien qu'il partirait. (A Olympe.) Le comte a quitté Paris; vous irez le rejoindre... Adieu, Olympe, j'ai payé la tombe de ma mère!

Il meurt dans les bras d'Émile et ceux de Rose. Olympe s'agenouill devant lui.

ACTE V.

Sixième Tableau.

CHEZ SAINT-PHAR.

Le théâtre en deux parties égales. — A droite, l'intérieur de la maison de Saint-Phar, en vue du public. — Petit intérieur bourgeois très-simple. — Au fond, une cheminée; à gauche, un buffet; à droite, une commode; une table entre la cheminée et la commode; un guéridon gauche; chaises. A droite, une porte donnant accès dans une seconde pièce qu'on ne voit pas. — A gauche, dans la seconde partie du théâtre, un petit jardinet avec un seul arbre, au fond, une petite grille en bois, peinte en vert, ouvrant sur la rue. Par dessus le mur du jardin, les maisons de la rue de Ménilmontant.

SCÈNE PREMIÈRE.

SAINT-PHAR, puis BERNARD, propriétaire de la maison.

Au lever du rideau, le vieux Saint-Phar retourne, avec de petits hochements de tête douloureux les tiroirs de la commode.

SAINT-PHAR.

J'ai beau chercher, retourner... il n'y a rien, absolument

rien dans les tiroirs, pas même un assignat... (Saint-Phar pousse un gros soupir. La grille du jardin s'ouvre en faisant tinter la sonnette, et Bernard paraît; à cet avertissement Saint-Phar ouvre la porte sur le jardin; à part, avec tristesse.) Voilà justement la visite que je craignais. (Il salue Bernard, qui est arrivé.) Votre serviteur, monsieur Bernard, entrez donc.

BERNARD, montant.

Bonjour, mon cher locataire... Vous deviez m'attendre, n'est-ce pas ?

SAINT-PHAR.

Oui, c'est le huit thermidor... jour du terme.

Il lui approche une chaise.

BERNARD.

J'ai cru que ce huit n'arriverait jamais !

SAINT-PHAR, assis près de lui.

Ah! vous êtes pressé. (A part.) Ça se trouve bien. (Haut.) Je vais être obligé de vous demander du temps, mon bon monsieur Bernard, et c'est la première fois que cela m'arrive.

BERNARD.

Ah ! ça, mais... nous avons donc fait des folies ?...

SAINT-PHAR.

Oh! des folies!... j'ai au contraire supprimé la demi-tasse, le domino et jusqu'au tabac... Je ne prends plus de tabac.

Il montre sa tabatière vide.

BERNARD.

Mais vous avez pourtant toujours votre pension du théâtre.

SAINT-PHAR.

Oui, elle me faisait vivoter quand j'étais tout seul, mais elle ne suffit pas à nous faire vivre maintenant que nous sommes deux, car j'ai repris ma fille, mon Olympe.

BERNARD.

Ah! oui.

SAINT-PHAR.

Quand je dis que nous sommes deux, je me trompe, nous sommes trois... avec la sœur de ma fille... la petite Rose...

BERNARD, cherchant.

Rose?... qui ça ?...

SAINT-PHAR.

Rose Michon, la femme du cordonnier de la rue Saint-Honoré. Oh! il était en bon chemin, celui-là, il était devenu fournisseur des armées.

BERNARD.

Eh bien !

SAINT-PHAR.

Eh bien!... il s'est ruiné... c'est-à-dire l'État l'a ruiné... On le payait en assignats... lui... payait en argent... ça n'a pas pu aller longtemps... Après avoir donné jusqu'à son dernier écu pour faire honneur à ses affaires... le digne garçon est parti bravement avec son bataillon de la butte des Moulins.. Moi, je garde sa femme. Oh ! elle est courageuse aussi... elle a été demander du travail à ses anciens ouvriers... mais ça ne va guère la chaussure, et c'est étonnant, depuis quatre-vingt-neuf les Parisiens sont toujours dans la rue... ils devraient pourtant user des souliers...

BERNARD.

Et votre autre fille?... votre Olympe?... avait un mari, qu'est-il devenu?

SAINT-PHAR.

Ah! c'est celui-là qui avait fait des folies... Mais le malheur, c'est comme le feu, ça purifie... Monsieur Karl s'était repenti et Olympe lui avait pardonné... quand tout a été mis sans dessus dessous... Au lieu d'aller comme les autres à l'étranger, il s'est fait soldat; il est parti avec son cousin, monsieur de Rudentz; et malgré qu'ils soient toujours les premiers sous le feu du canon, j'en suis sûr, ils sont plus en sûreté là-bas qu'ici. C'est ce que j'ai fini par persuader à Olympe, qui est heureuse depuis qu'elle ne tremble plus pour son mari. (Rose paraît à la grille du jardin.) Tiens, on sonne à la petite grille... C'est Olympe, sans doute. (Il ouvre la porte de la chambre.) Non, c'est Rose.

SCÈNE II.

LES MÊMES, ROSE.

ROSE, entrant dans la chambre et s'asseyant à gauche.

Ouf!... je suis brisée!... et je meurs de faim!

SAINT-PHAR, à Bernard, qui se trouve à sa gauche,

J'ai remarqué une chose : c'est que moins on a d'argent, plus on a d'appétit.

ROSE.

J'ai joliment couru, allez, apercevant Bernard. Bonjour monsieur Bernard, à Saint-Phar. J'ai été reporter le travail fait à monsieur Mitonnet, celui qui nous a acheté notre fond de la rue de la Boucherie.

SAINT-PHAR.

Est-ce qu'il vous a payée?

ROSE.

Oui, il m'a donné cinq cents livres!

SAINT-PHAR.

Cinq cents livres? Alors monsieur Bernard, nous allons pouvoir...

ROSE, bas.

Dites-donc, père Saint-Phar! c'est en assignats.

Elle lui donne les papiers.

SAINT-PHAR, soupirant.

Ah! oui! C'est égal, monsieur Bernard, si vous les voulez...

BERNARD.

Non... non... j'attendrai.

SAINT-PHAR.

Alors, ça servira à payer la laitière.

BERNARD.

C'est ça, c'est ça! Adieu, mon ami... A revoir, madame Michon!

Il sort reconduit par Saint-Phar et Rose, qui restent dans le jardin.

SCÈNE III.

SAINT-PHAR, ROSE.

ROSE, prenant le bras de Saint-Phar, et se promenant avec lui.

Je rapporte bien peu de chose... Dam! je n'ai pas pu faire mieux.

SAINT-PHAR, vivement.

Oh! chère enfant!

ROSE, gaiement.

Après tout, je gagne encore plus que ma pauvre Olympe... Ah! ça lui coûtait bien de ne pouvoir rien apporter dans notre petit ménage; il y a huit jours, elle me disait : vois-tu, Rose, il faut à tout prix que je trouve de l'argent, le père n'en a plus.

SAINT-PHAR.

Mais si... mais si...

ROSE.

Olympe avait raison, vous avez tout sacrifié pour nous.

SAINT-PHAR, souriant.

Je ne me plains pas... c'est vous que je plains...

ROSE, rentrant dans la chambre.

Nous... oh! il ne faut pas vous en inquiéter.

SAINT-PHAR, la suivant.

C'est elle... elle surtout...

ROSE.

Oui, elle... père Saint-Phar! parce qu'enfin elle a été une grande dame. Elle était habituée au bien-être, au luxe... tandis que moi... j'ai toujours vécu un peu au jour le jour, je peux manger de la vache enragée... riant. je ne trouve pas ça mauvais...

SAINT-PHAR.

A propos, il faut songer au dîner... voilà bientôt l'heure à laquelle Olympe revient et...

6

ROSE.

C'est juste; je vais mettre le couvert.

Elle place la table devant la cheminée et dispose le couvert.

SAINT-PHAR, tristement.

Le couvert est le mot... il n'y en a plus qu'un dans la maison, un que nous avons gardé pour elle... et encore bientôt...

ROSE.

Bientôt, elle mangera dans l'étain comme nous; bah! nous l'embrasserons une fois de plus, voilà tout.

SAINT-PHAR.

Ah ça! mais il me semble qu'elle est en retard. (Il va pour fouiller à son gousset et s'arrêt.) Ah! j'oublie toujours que la montre est avec les couverts; et je suis là à fouiller dans mon gousset ou à regarder sur la commode. (Montrant la commode, poussant un cri de surprise.) Ah!

ROSE, qui fouillait dans le buffet.

Ah!

SAINT-PHAR.

Ma montre qui est revenue!

ROSE.

Et les couverts aussi.

SAINT-PHAR.

Il y a quelque chose là-dessous... Le Mont-de-Piété ne les aurait pas laissé revenir tout seuls.

Olympe est entrée sans sonner, la porte du jardin étant restée ouverte.

ROSE.

Qu'est-ce que ça veut dire?

OLYMPE, entrant.

Ça veut dire, mes amis, que nous sommes riches.

SCÈNE IV.

LES MÊMES, OLYMPE.

ROSE.

Riches!

OLYMPE, au milieu.

Oui.

SAINT-PHAR.

Est-ce que tu as mis à la loterie?

OLYMPE.

Vous ne vous priverez plus de rien pour nous, cher père. Je veux que vous repreniez toutes vos habitudes d'autrefois. Nous allons dîner; puis, ce soir, vous irez au spectacle.

SAINT-PHAR.

Au spectacle!

OLYMPE.

Et Rose aussi. Tenez, j'ai deux bonnes places pour vous, au premier rang de la galerie.

SAINT-PHAR, à Rose.

Elle a gagné un terne !

ROSE.

A quel théâtre irons-nous?

OLYMPE, donnant le billet à Saint-Phar.

Voyez.

Elle passe à droite.

SAINT-PHAR, lisant.

Théâtre de la République. Aujourd'hui huit thermidor: *Horace*, pour la rentrée de... Ah ! j'ai mal lu... ça n'est pas possible... pour la rentrée de...

OLYMPE.

Mademoiselle Olympe.

SAINT-PHAR.

Tu reprends le théâtre... toi... toi.

OLYMPE.

Voilà le secret de mes veilles.

SAINT-PHAR.

Tu repassais tes rôles.

OLYMPE.

De mes sorties mystérieuses.

SAINT-PHAR.

Tu allais répéter... et je n'ai pas deviné ça.

ROSE.

Pourquoi ne nous as-tu rien dit?

OLYMPE, passant au milieu.

Parce que je doutais de moi, parce que je ne voulais pas vous donner un espoir qui pouvait être déçu. Je m'étais même promis de ne vous rien dire qu'après ma rentrée. Le public a eu le temps de m'oublier. S'il me recevait mal... (Mouvement de Saint-Phar.) Enfin... je suis peut-être devenue mauvaise.

SAINT-PHAR.

Allons donc !

ROSE.

Dame ! c'est possible. Quand je me suis remise à border des souliers, je n'y avais plus la main comme autrefois.

SAINT-PHAR.

Voilà une comparaison...

OLYMPE.

Mais je n'ai pas eu le courage de me taire plus long-temps. Et puis il faut que vous soyez dans la salle, cher père ; il faut que je vous sache là près de moi, ça me donnera du courage... ça me portera bonheur.

SAINT-PHAR.

Chère enfant! mais comment as-tu pu arranger ça toute seule?

OLYMPE.

Une fois ma détermination prise, je me suis présentée à la Comédie. On était en répétition... tous nos anciens camarades étaient là. Alors, je leur ai dit : Mes amis, je suis pauvre aujourd'hui, plus pauvre que je ne l'étais jadis quand vous m'avez recueillie... Oui, plus pauvre, car il ne s'agit plus seulement de me nourrir, moi, mais de nourrir aussi mon vieux père adoptif, qui, pour moi, est aujourd'hui sans pain.

SAINT-PHAR, pleurant.

Olympe!

L'embrassant.

OLYMPE.

Oh! je n'ai pas rougi de leur dire cela.

SAINT-PHAR.

Qu'ont-ils répondu?

OLYMPE.

Ils ont fait comme vous... ils m'ont embrassée d'abord, puis on m'a payé un mois d'avance.

Elle donne de l'argent.

ROSE, prenant la bourse qu'elle met sur le guéridon.

Et pas en assignats!

SAINT-PHAR.

Qu'est-ce que ça t'a fait quand tu t'es retrouvée sur le théâtre... sur notre beau théâtre, hein?

OLYMPE.

Dame! je ne peux pas vous dire... le bonheur ça ne s'explique pas, mais dans ma joie... il y avait aussi des larmes.

SAINT-PHAR.

Des larmes!

OLYMPE.

Oui... en répétant, je regardais cette salle vide et sombre, si sombre qu'elle semblait porter le deuil de tous mes souvenirs... Je reconstruisais le passé... cette salle déserte, je lui rendais, par la pensée, toutes ces têtes si belles et si nobles que l'orage a courbées... Je la revoyais surtout, elle, qui à cette même place, m'avait jeté son bouquet en souriant, et dont la main ne jettera plus de fleurs et dont la bouche n'aura plus de sourire.

SAINT-PHAR.

Olympe, mon enfant, prends garde. Pleure, mais tout bas... tout bas... Souviens-toi de cette malheureuse femme qui, égarée par la douleur, par la reconnaissance, peut-être, se mit à crier en pleine rue : vive la reine! Ce cri ne pouvait pas faire revivre celle qui n'existait plus, et il a tué celle qui l'avait proféré... Voyons... parlons d'autre chose... Quand rentres-tu?

OLYMPE.

Mais, je vous l'ai dit, ce soir...

SAINT-PHAR.

Ce soir même?

OLYMPE.

Oui.

SAINT-PHAR.

Ah! mon Dieu!... mais l'affiche est-elle bien faite au moins! et la salle.

OLYMPE, avec joie.

Toute la salle est louée...

Rose remonte au fond à la table.

SAINT-PHAR.

Ah! bien! c'est différent!... nos amis ne pourront pas entrer, nous pouvons être tranquilles; ah! je sais ce que c'est, aux premières, pour avoir un succès, il ne faudrait dans une salle que des payants et des créanciers... Tiens. je donnerai un billet à mon propriétaire. (Prenant son chapeau.) Je sors.

OLYMPE.

Où allez-vous?

SAINT-PHAR.

Je vais voir les affiches! Et les journaux, j'en rapporterai quelques-uns... s'ils parlent de toi.

ROSE.

Eh bien! et le diner!

SAINT-PHAR.

Le diner! il refroidira... d'ailleurs, je reviens tout de suite... (Il va pour sortir.—Indiquant la porte de droite.) Je vais passer par la petite porte de la rue... c'est plus court.

Il sort.

SCÈNE V.

OLYMPE, ROSE.

ROSE, la contemplant.

Je t'admire!

OLYMPE.

Et pourquoi?

ROSE.

Tu sembles plus heureuse que jamais!

OLYMPE.

Oh! je suis bien heureuse, en effet, va.

6.

ROSE.

Mais, pourquoi donc?

OLYMPE.

Tu me le demandes... Parce que je puis venir en aide à ceux qui me sont chers, parce que je me sens revivre de ma vie d'autrefois... (Passant à droite.) Enfin parce que je viens de trouver à la poste une lettre de mon mari. Chère et bonne lettre, où il me jure qu'il m'aime plus qu'il ne m'a jamais aimée; où il me dit encore qu'il s'est distingué dans la dernière affaire, et qu'il espère que le soldat fera oublier le gentilhomme.

ROSE.

Tiens! à propos de gentilhomme, devine qui j'ai rencontré ce matin? Monsieur Émile, ton cousin, ma chère.

OLYMPE.

Il est à Paris!

ROSE.

En plein Paris. Il se promenait comme chez lui; il causait avec les passants, il agaçait les bouquetières.

OLYMPE.

Ce n'est pas possible!

ROSE.

Il n'est pas déguisé du tout... et de plus il est toujours aussi gai, toujours aussi fou qu'autrefois. Il m'a embrassée sur le boulevard... il m'a donné son adresse... il m'a demandé la nôtre, et m'a promis de venir aujourd'hui même.

SCÈNE VI.

OLYMPE, ROSE, ÉMILE.

ÉMILE, en costume assez simple, mais plutôt de gentilhomme que de bourgeois, entrant.

Une grille verte! un arbre jaune... ça doit être ici. (Apercevant Rose.) Eh! oui, ma foi.

ROSE, à Olympe.

Qu'est-ce que je te disais!... Le voilà... Entrez, monsieur le marquis.

ÉMILE, riant.

Passez les titres, si ça vous est égal, mais si vous y tenez, ne vous gênez pas. je ne les cache guère... (Allant à Olympe.) Ma belle cousine... (il lui baise la main.) c'est donc ici que vous logez... Ce n'est pas les Tuileries... mais c'est très-gentil.

OLYMPE.

Vous à Paris!

ROSE.

Ma sœur ne voulait pas croire que je vous avais rencontré...

ÉMILE.

Sur le boulevard... le nez au vent, et les mains dans les poches! j'y suis toujours quand il fait du soleil.

OLYMPE.

Quelle imprudence!

ÉMILE.

Bath!... qui sait... on trouve ceux qui se cachent, eh bien! peut-être qu'en ne se cachant pas...

OLYMPE.

Mais parlez-moi donc de Karl... vous êtes partis ensemble.

ÉMILE.

C'est vrai... Nous boudions Karl et moi; il y avait bien de quoi, palsambleu! (Se reprenant.) Non, ça ne se dit plus... Mais la guerre était déclarée, la France était menacée, insultée, alors nous n'avons plus vu que la patrie en danger... Le drapeau avait changé, mais c'était toujours le drapeau de la grande nation, et quand ce drapeau là marche à la frontière et se place en face de l'ennemi, nobles et peuple n'ont plus qu'un seul cri : en avant ! Ce cri fut le nôtre... et pour nous battre en jabot et en manchettes, nous ne nous battions pas plus mal... Bref, tout alla passablement jusqu'au jour où on nous accusa, bien à tort, d'avoir des relations avec des émigrés... En notre qualité de gentilshommes, nous devenions suspects tout de suite... par bonheur nous avons rencontre, là-bas une ancienne connaisssance, monsieur Michon.

OLYMPE.

Michon?

ROSE.

Mon mari?

ÉMILE.

Et au risque de sa vie, peut-être, il est parvenu à nous procurer un laisser-passer.

ROSE.

Pauvre homme.

ÉMILE.

La prudence exigeait que Karl et moi nous ne fissions pas route ensemble. Nous nous sommes donc quittés il y a quinze jours environ; avec le sauf conduit qui lui permettait de passer en Allemagne, il doit être en sûreté.

ROSE.

Et vous, monsieur le marquis !

ÉMILE.

Pour moi, j'avais le choix entre la Suisse et l'Italie· Et ma foi, j'ai choisi Paris... J'aime encore mieux mon pays avec tous ses défauts; je me montre partout, dans les cercles, dans les promenades, dans les théâtres... je fréquente des gens impossibles... Tenez... je me suis lié avec Tallien, un assez joyeux convive; il m'a pris en amitié parce que je bois mieux que lui. Il est président de la Convention, et il me donne des billets. Je vais là en tribune découverte; ils crient, ils se battent quelquefois; j'attends qu'ils se mangent. C'est très-amusant. (A Olympe.) Eh bien! chère cousine, qu'avez-vous?

OLYMPE.

J'ai peur pour mon mari. Oh! tenez, ceux qui ont bien souffert ont un privilége.

ÉMILE.

Lequel!

OLYMPE.

Celui de pressentir, de deviner le nouveau malheur qui les menace. Karl est perdu, s'il est resté en France et Karl est à Paris. (La sonnette retentit. — Avec un cri.) Ah!... c'est lui peut-être.

ROSE.

Pas du tout!... c'est notre ami Saint-Phar!

SCÈNE VII.

LES MÊMES, SAINT-PHAR.

SAINT-PHAR, entrant.

Me voilà!... me voilà... avec le journal.

ÉMILE.

Bonjour, monsieur Saint-Phar.

SAINT-PHAR.

Bonjour, monsieur.

ÉMILE, riant.

Ah!... ah! ah! voilà tout ce que vous me dites!

SAINT-PHAR.

Il ne faut pas m'en vouloir, c'est une habitude que j'ai prise!... par le temps qui court... on est exposé à rencontrer à chaque pas des gens qui ont intérêt à se cacher!... Eh! bien, si en les apercevant... on s'écrie : Ciel! un tel!... V'lan!... on s'amasse... Un tel est reconnu... on l'arrête et... (Lui tendant la main.) Comimment!... vous portez-vous?

ÉMILE, riant.

Pas mal... ah! ça, en entrant, vous avez parlé du journal... est-ce qu'il y a quelque chose de nouveau?

SAINT-PHAR.

Parbleu!... je crois bien.

ÉMILE.

Est-ce que mon ami Tallien l'emporterait? est-ce qu'il aurait tenu ce qu'il avait promis en soupant avec nous hier au soir!

SAINT-PHAR.

Olympe rentre au Théâtre-Français! voilà ce que je sais... c'est officiel, c'est dans le *Moniteur*.

Il lui montre le journal.

ÉMILE.

Vraiment !

Il lui montre le journal.
SAINT-PHAR.

Tenez... voyez.

ÉMILE.

Mes compliments, cousine ! votre couronne de comtesse est tombée... et vous reprenez votre couronne d'artiste... ils respecteront peut-être celle-là, palsambleu ! (Se reprenant.) Non, ça ne se dit plus... je veux aller vous applaudir.

OLYMPE, inquiète.

Comment?

ÉMILE.

Je vais retenir ma place... au balcon.

SAINT-PHAR.

C'est ça... vous serez bien en vue... applaudissez ferme

ROSE, bas. à Saint-Phar.

Vous voulez donc qu'il se fasse remarquer.

ÉMILE.

J'irai au théâtre en sortant de la convention. Adieu, mon ami... bon espoir, Olympe !... ayez confiance dans l'étoile des Rudentz... elle vous protégera ce soir. (Bas.) Comme elle le protège... ! ma petite madame Michon... je vous baise les mains...

Il lui baise le cou.
ROSE, se dégageant.

Comment, vous appelez ça les mains... mais c'est la seconde fois aujourd'hui.

Elle l'accompagne jusqu'à la grille. Olympe s'assied près du guéridon, à gauche.

SAINT-PHAR.

Maintenant, petite Rose... vite le dîner, il doit être suffisamment froid, et d'ailleurs, il ne faut pas attendre davantage, parce que quand on joue le soir, on doit dîner de bonne heure pour avoir tous ses moyens. (A Rose qui écoute.) Allez, ma chère, allez, vous ne comprenez rien à ce que je dis-là... c'est pour les gens de théâtre.

ROSE, riant.

Ah ! c'est différent.

Elle entre à droite dans la maison.

SCÈNE VIII.

SAINT-PHAR, OLYMPE, puis ROSE, et ensuite KARL.
SAINT-PHAR, à Olympe qui est rêveuse.

Eh bien ! qu'est-ce que tu as ! est-ce que tu repasses ton rôle... en dedans ?

OLYMPE.

Non, non, mon père.

SAINT-PHAR.

A quoi penses-tu donc ?

OLYMPE, rejetant ses pensées.

Vous·avez été au théâtre ?

SAINT-PHAR.

Non, au cabinet de lecture seulement... et puis aux affiches.

OLYMPE.

Ah !

SAINT-PHAR.

Et je suis furieux !... Ils étaient là un tas d'imbéciles amassés, et je me disais : bravo ! ça va bien !.-. La rentrée d'Olympe fait sensation alors, je m'avance sans avoir l'air, pour écouter ce qu'ils disaient de toi : Sais-tu de quoi ils parlaient !

OLYMPE.

Non !

SAINT-PHAR.

Ils parlaient politique, les barbares !... autrefois ta rentrée aurait occupé tout Paris... Ah ! les révolutions !... c'est ça qui est mauvais pour les théâtres.

ROSE, accourrant.

Olympe !... Monsieur Saint-Phar ! si vous saviez !...

TOUS DEUX.

Quoi donc ?

ROSE.

Il était dans la rue, j'allais fermer la porte, qu'on avait laissée ouverte. Il m'a vue ; je l'ai fait entrer bien vite, je suis encore toute tremblante.

SAINT-PHAR.

Mais de qui parlez-vous !

OLYMPE, se levant soudainement.

Ah ! c'est de Karl !

KARL, paraissant.

Olympe !

OLYMPE.

Ah ! je le savais bien, moi, qu'il était à Paris. (Avec un cri.) Karl !... Karl !... (Ils se jettent dans les bras l'un de l'autre.) Mon Dieu ! mon Dieu ! que je suis heureuse ! (Changeant tout à coup de ton.) Oh ! j'oubliais... tu es proscrit, poursuivi peut-être ? Oh ! Karl ! Karl !... pourquoi es-tu revenu ?

KARL.

Pour te revoir, pour t'embrasser !

OLYMPE, à Saint-Phar.

Père... la porte est-elle bien fermée?

SAINT-PHAR.

Je vais pousser le verrou moi-même, Rose, allez fermer la grille.

Il sort par la droite. Rose va fermer la grille.

OLYMPE, à Karl, qui est assis à gauche.

Karl!.. mon bien-aimé!... (Elle va l'embrasser, s'arrête au bruit de la sonnette.) Ah! j'ai eu peur!...

ROSE, revenant.

Sois tranquille!

OLYMPE.

Va, veille sur lui. (Rose rentre à droite; à Karl.) Ah! ce jour devait être un jour de bonheur!...

KARL.

De bonheur!

OLYMPE, le regardant plus attentivement.

Qu'as-tu donc? Quand à force de joie j'oublie mes terreurs, toi tu as des larmes dans les yeux! Me caches-tu quelque chose?

KARL.

Le sauf-conduit qui m'avait été donné, devait me servir a gagner la frontière... mais l'inquiétude me dévorait, et à chaque pas que je faisais en avant... mon cœur regardait en arrière... Je songeais à toi... à ma mère... je songeais aux dangers que vous pouviez courir... Alors, je suis revenu... Je me dirigeais vers Paris, ou tu étais toi, mais j'ai voulu m'arrêter à Rudentz ou elle devait être, elle, et où elle n'était plus...

OLYMPE.

Ah!...

KARL, se levant.

Le château avait été réduit en cendres!... Je retrouvai, là, pleurant sur notre ruine, un vieux serviteur de notre famille; j'appris par lui que ma mère longtemps défendue par le respect et le dévoûment de nos fermiers, avait été dénoncée, arrêtée et conduite à Paris, elle était perdue si je n'y arrivais pas en même temps qu'elle... J'ai marché nuit et jour, et maintenant que je l'ai revue, que je t'ai embrassé... je pars.

OLYMPE.

Où vas-tu?

KARL.

Chez Émile... il doit être à Paris... on me l'a dit...

OLYMPE, le retenant.

Oh! tu ne me quitteras pas?

Saint-Phar et Rose sont rentrés.

ROSE.

Monsieur Karl veut s'en aller.

OLYMPE.

Non, non, il restera.

SAINT-PHAR.

A la bonne heure... je ne veux pas que vous logiez ailleurs qu'ici...

KARL.

J'accepte, monsieur Saint-Phar, l'asile que vous m'offrez, mais je verrai Émile, aujourd'hui, tout à l'heure.

OLYMPE.

Attends au moins la nuit, songe donc... si tu étais reconnu ? Karl, je t'en prie !

KARL.

Eh bien! oui... oui, j'attendrai.

Il s'assied à gauche.

ROSE, qui a terminé de d'sposer le repas. apportant la soupière.

Le dîner est prêt.

SAINT-PHAR.

Enfin !... ce dîner-là commençait à ressembler à un accessoire de théâtre.

ROSE.

Allons ! à table !

Karl, qui avait pris machinalement le journal et l'avait parcouru, se lève tout à coup en poussant un cri.

KARL.

Ah!,..

Tous s'élancent vers Karl.

OLYMPE, SAINT-PHAR, ROSE.

Qu'y a-t-il ?

Il désigne un passage du doigt, car il ne peut parler.

KARL.

Tenez... là... lisez!...

SAINT-PHAR.

Liste des personnes qui doivent passer demain devant le tribunal...

OLYMPE, qui lisait aussi, avec un cri étouffé.

Ah !

KARL, presque fou.

Ma mère !... ma mère !... (Embrassant Olympe.) Olympe... je cours chez Émile... c'est mon seul espoir, il sauvera ma mère, n'est-ce pas, il la sauvera, ma pauvre mère.

ROSE.

Savez-vous seulement où il demeure, monsieur Émile ?

KARL.

Non, mais je m'informerai... je demanderai... je trouverai.

ROSE.

Troublé, comme vous l'êtes, vous vous compromettriez tout de suite, je vais avec vous.

OLYMPE.

Ne le quitte pas!

ROSE.

Sois tranquille.

Elle sort d'avance et ouvre la grille.
OLYMPE.

Karl, mon ami, ne t'expose pas, songe à moi...

KARL.

A présent, Olympe, je ne songe plus qu'à ma mère.

Il traverse le jardin en courant. Rose le suit.

SCÈNE IX.

OLYMPE, SAINT-PHAR.

OLYMPE, assise à gauche, sanglottant.

Ah! c'est trop d'épreuves!...

SAINT-PHAR.

Elle était si heureuse ce matin... ah! c'est à devenir fou! (On entend sonner cinq heures. — Sautant.) Cinq heures!... et le théâtre!... Si elle allait ne pas pouvoir y paraître... elle deviendrait suspecte aussi... (Allant à elle.) Olympe, ma fille, il est cinq heures, et aujourd'hui tu ne t'appartiens pas... tu n'as pas le droit de rester là à pleurer.

OLYMPE.

Je n'entends pas... qu'est-ce que vous me dites?

SAINT-PHAR.

Je dis... je te demande pardon... mais tu joues ce soir.

OLYMPE.

Moi? oui... oui, c'est vrai... (Regardant l'argent sur la table.) Je suis payée, il le faut... (Se levant.) parler... jouer... dire des vers... des mots... avec des larmes dans le cœur... Enfin, je suis payée!... (Elle prend sa mante comme ne sachant ce qu'elle fait. Avec des larmes.) Mais je ne peux pourtant pas jouer la comédie quand mon mari va se perdre peut-être, et quand on va tuer sa mère.

SAINT-PHAR, très-agité.

Je sais bien! c'est affreux... (Frappé d'une idée.) Et pourtant il faut que tu joues, Olympe... Oui... c'est une inspiration venue du ciel qui t'a fait reprendre le théâtre. La ci-devant comtesse, la grande dame déchue, ne peut rien pour ceux qu'elle aime ; mais la comédienne, la comédienne, idole de la foule, peut tout demander, tout obtenir.

7

OLYMPE.

Oui, vous avez raison, père... Allons, pauvre femme dévore tes larmes, et s'il le faut, traîne-toi jusque sur la scène... sois forte, sois courageuse ; demande à ta douleur même ces élans qui soulèvent l'enthousiasme. Ce ne sont pas des bravos que tu vas chercher... ce sont deux existences peut-être que tu vas sauver... (Avec un cri.) Au théâtre, mon père, au théâtre!... (Elle quitte la chambre, puis s'arrête dans le jardin et porte la main à son front.) Mon Dieu! (Cherchant à rassembler ses souvenirs.) Ce matin, à la répétition, je n'ai pas manqué un mot... et à présent, à présent, je ne retrouve pas un vers... pas un seul... Mon Dieu!... si j'avais perdu la mémoire... Non... non... je me souviendrai... je le veux... il le faut... (Se frappant le front.) Ah! ma mémoire... ma mémoire... (Cherchant, tout en passant à droite.) Voyons... (Avec colère.) Oh! ces hommes! ces hommes! ils le tueraient.

Avec un redoublement de rage, récitant :

> Tigre altéré de sang qui me défend les larmes,
> Qui veut que dans sa mort je trouve encor des charmes,

SAINT-PHAR, à part.

Ah! ça revient.

OLYMPE, *continuant.*

> Rome, l'unique objet de mon ressentiment!
> Rome, à qui vient ton bras d'immoler mon amant!
> Rome qui l'a vu naître et que ton cœur adore!
> Rome, enfin, que je hais, parce qu'elle t'honore!

SAINT-PHAR.

Mon enfant, calme-toi; si tu continues comme ça, tu n'auras plus de force pour ce soir.

OLYMPE, *dans le plus grand désordre.*

> Puissent tous ses voisins, ensemble conjurés,
> Saper ses fondements encor mal assurés,
> Et, si ce n'est assez de toute l'Italie!
> Que l'Orient contre elle à l'Occident s'allie!
> Que cent peuples unis des bouts de l'univers
> Passent, pour la détruire, et les monts et les mers!
> Qu'elle-même sur soi renverse ses murailles,
> Et de ses propres mains déchire ses entrailles....

(S'arrêtant tout à coup et cherchant un instant.)

OLYMPE.

Qu'est-ce que je dis ?

SAINT-PHAR, *la soufflant.*

> Que le courroux du ciel, allumé par mes vœux...

OLYMPE, avec désespoir.

Ah! je ne sais plus!... je ne sais plus!...

ROSE , qui est accourue par la porte du jardin.

Monsieur Saint-Phar ! monsieur Saint-Phar !

OLYMPE.

O Karl ! Karl !

ROSE , avec égarement.

Ils l'ont arrêté !

OLYMPE , avec un délire croissant.

Arrêté.., lui, Karl... Père , emmenez-moi, que je joue, que je le sauve , ou que je meure... (Elle se précipite vers la grille. — En ce moment une grande foule passe dans la rue. Karl est au milieu. On le voit par la porte du jardin, que Rose a laissée ouverte en rentrant. — L'apercevant.) Karl !... c'est lui... (Elle s'élance et l'arrache à ceux qui l'emmenaient ; elle le ramène dans le jardin. Les agents et la foule les suivent.) Où le conduisez-vous ?... Cet homme est mon mari, entendez-vous bien ?... mon mari.

SAINT-PHAR.

Elle se perd.

KARL.

Cette femme se trompe... je ne la connais pas. Emmenez-moi, messieurs, emmenez-moi.

OLYMPE , revenant à elle.

Je suis sa femme, vous dis-je, et vous ne nous séparerez pas.

UN AGENT.

Mais nous n'avons pas ordre de t'arrêter, toi.

OLYMPE.

Oh ! vous m'arrêterez... Karl , nous aurons la même prison, nous aurons le même échafaud... Je sais un cri qui condamne et qui tue !...

SAINT-PHAR , qui a compris et qui court à Olympe.

Oh ! tais-toi , malheureuse !

OLYMPE , avec délire.

Vive la reine !... (Mouvement général. — Criant plus fort.) Vive la reine !

Septième Tableau.

LE PARLOIR DE LA CONCIERGERIE.

Une grande grille au fond donnant sur une cour. — Porte à droite donnant dans l'intérieur.— Porte au fond donnant au dehors.— A gauche une autre porte donnant dans une chambre. — Un grand fauteuil à gauche.

SCÈNE PREMIÈRE.

KARL., ÉMILE.

Karl est assis sur le bras du fauteuil ; Émile est debout.

KARL, continuant un récit commencé.

Je t'ai dit l'admirable dévouement d'Olympe. Pour me suivre elle s'est perdue. Arrivés ici tous deux hier au soir, nous avons été séparés malgré mes prières, malgré ses larmes. **Je ne l'ai pas encore vue ce matin. Je n'ai pu savoir non plus si ma mère** était enfermée dans cette prison... Si nous sommes au moins sous le même toit. Je mourrai peut-être sans l'avoir embrassée.

ÉMILE.

Tu ne mourras pas, palsambleu! Les événements de cette nuit doivent avoir changé la face des choses.

KARL.

Comment es-tu ici ?

ÉMILE.

Comme visiteur... Ce n'est pas ma faute si je n'y suis pas autrement. — Mais j'ai beau faire : à Paris, comme à l'armée, la mort ne veut pas de moi. — Au contraire, j'ai presque du crédit, et je vais l'employer pour te réunir à ta mère et à ta femme. (Apercevant l'inspecteur qui parait à droite.) **Voilà justement** l'homme auquel je dois m'adresser.

SCÈNE II.

Les Mêmes, MICHEL.

ÉMILE.

Holà !.... Michel un mot. (Lui montrant un papier.) **Tu connais** cette signature ? — C'est celle de Tallien et Tallien est tout.-puissant.

MICHEL.

Ce matin, — oui. Que sera-t-il ce soir ?

ÉMILE.

Ton prisonnier, peut-être. — Je ne dis pas non: — mais, à cette heure, tu dois lui obéir.

MICHEL.

Après?

ÉMILE.

Mon cousin, que voilà, veut voir la comtesse de Rudentz, sa mère, et Olympe, sa femme, — Vas donc chercher la comtesse, ma tante, et Olympe ma cousine. — Oh ! je ne renie pas ma famille, moi!

MICHEL.

Je vais faire prévenir la citoyenne Olympe. (A mi-voix.) Quant à la ci-devant comtesse...

ÉMILE.

Eh bien ?

MICHEL, plus bas.

Elle est, en ce moment, devant le tribunal.

ÉMILE.

Comment! Il fonctionne donc toujours?

MICHEL.

Toujours.

ÉMILE.

Oh! tais-toi!... tais-toi !

KARL, s'approchant.

As-tu obtenu?

ÉMILE.

Oui, tu vas voir Olympe.

KARL.

Et ma mère ?

MICHEL.

La voilà qui revient. (Bas à Émile.) Ca n'a pas été long. (Haut.) Je vous laisse avec elle, et vais vous envoyer la citoyenne Olympe.

Il sort. — On voit venir la Comtesse.

SCÈNE III.

KARL, LA COMTESSE, ÉMILE.

Il la fait passer au milieu. Elle paraît brisée par l'âge et la douleur, mais toujours digne, toujours fière.

KARL, courant à elle.

Ma mère !...

LA COMTESSE.

Karl... mon fils... je n'espérais plus te revoir. (Émile baise la main de la comtesse.) Émile !

ÉMILE.

Ne vous occupez que de lui, ma tante.

LA COMTESSE.

J'avais demandé cette nuit deux grâces au Seigneur... Il me les a accordées toutes deux... La première, mon fils, c'était de pouvoir te presser une fois sur mon cœur.

KARL.

Ma bonne mère !

Il se détourne d'elle et pleure.

ÉMILE, bas à la comtesse.

Et la seconde, ma tante ?

LA COMTESSE, calme et bas.

C'était de mourir... et ils viennent de me condamner.

Elle s'assied.

ÉMILE, bas.

Vous! (Haut.) Oh! cette grâce-là ne vous sera pas faite, je vous le jure.

KARL, se retournant.

Que dis-tu?

7.

ÉMILE.

Je dis que je cours chez Tallien, je dis, palsambleu, qu'ils n'auront pas une seule tête des Rudentz ou qu'ils les auront toutes... Nous nous reverrons... entendez-vous bien, ma tante, nous nous reverrons.

Il sort en courant par le fond.

SCÈNE IV.

LA COMTESSE, KARL, puis OLYMPE.

LA COMTESSE, le regardant avec bonté.

Karl, j'ai été une mauvaise mère! et Dieu pouvait m'en punir en me refusant la joie qu'il me donne... mais Dieu est bon... et j'ai pu te dire... je te bénis, mon fils... je te bénis... et je t'aime! Olympe paraît à droite et s'arrête à la vue de Karl à genoux et **dans les** bras de sa mère ; mais Karl l'a aperçue.

KARL, se levant.

Ma mère, n'aurez-vous de bonnes et tendres paroles que pour moi... je ne suis pas seul ici... celle que j'avais nommé ma femme a voulu partager ma captivité ; quel qu'il soit nous aurons le même sort... ne reconnaîtrez-vous pas à cette heure suprême l'union sainte que la mort elle-même va consacrer peut-être?

OLYMPE, s'avançant avec respect.

Madame, vous avez repoussé la riche et brillante comtesse, repousserez-vous l'humble et pauvre prisonnière? si la naissance nous sépare le malheur nous rapproche... Dieu a la même pitié pour toutes les souffrances, la même palme pour tous les martyrs.

LA COMTESSE.

C'est juste... j'ai voulu séparer ce que le prêtre avait uni, j'ai voulu maudire ce qu'il avait béni, j'avais la folie de l'orgueil... je vous ai repoussée. (se relevant.) pardonnez-moi, madame, je vous ai reniée. (lui tendant la main.) Embrassez-moi, ma fille.

OLYMPE et KARL.

Ma mère.

Ils s'embrassent.

SCÈNE V.

LES MÊMES, MICHEL.

MICHEL.

Le citoyen Karl!

KARL.

C'est moi.

MICHEL.

On vous demande au greffe... pour une signature à donner.

KARL.

Je vous suis... Ma mère, ma femme! oh! la providence ne

permettra pas qu'on nous sépare à présent... A tout-à-l'heure, ma mère... ma femme... tout ce que j'aime au monde.

Il les embrasse, et sort avec Michel.

SCÈNE VI.

LA COMTESSE, OLYMPE.

LA COMTESSE.

Mon fils!... ne plus le revoir!...

OLYMPE.

Que dites-vous, madame ?

LA COMTESSE, avec douceur.

Écoutez-moi, ma fille. de tous les biens que m'avaient légués mes aïeux, il ne me reste rien que cette petite croix. . j'ai pu la dérober à tous les regards... A son lit de mort, ma mère me l'a donnée comme je vous la donne... gardez-là en souvenir de moi qui vais mourir.

OLYMPE.

Mourir, vous !

On entend faire un appel dans la cour.

UNE VOIX.

Richemont! Préval! Simeuse! Rochevert!

LA COMTESSE.

Écoutez, ma fille, là-bas, on appelle les condamnés comme moi on va m'appeler aussi. Obtenez quelques minutes... je voudrais prier... prier pour mes enfants... J'entre là dans ma chambre, quand il sera temps... vous viendrez me prévenir, je serai prête.

Elle entre dans la chambre à gauche.

SCÈNE VII.

OLYMPE, puis ROSE.

OLYMPE.

Non, elle ne mourra pas... elle qui m'a pardonnée... bénie.

ROSE, entrant vivement du fond.

Olympe!... Olympe!

OLYMPE.

Rose! toi dans cette horrible prison.

ROSE.

Oh! n'aie pas peur... je n'y suis pas venue pour y rester... J'en vais sortir et avec toi, ma sœur... avec toi.

OLYMPE.

Que dis-tu?

ROSE.

Le père Saint-Phar et moi nous n'avons pas dormi... nous

avons couru, sollicité toute cette nuit, tout ce matin... enfin nous avons obtenu ta grâce, la voilà... bien signée. (Lisaut.) « Laissez sortir saine et sauve la ci-devant comtesse de Rudentz. » Tu n'as plus, m'a-t-on dit, qu'à te présenter au greffe pour signer le registre des écrous, puis nous nous en irons et bien vite.

OLYMPE.

La quitter... elle... c'est impossible.

ROSE.

Qui?... elle?...

OLYMPE.

Sa mère!... ils l'ont condamnée.

ROSE.

Ah!

OLYMPE.

Tout-à-l'heure, elle me nommait sa fille... elle m'embrassait... et dans un instant, peut-être...

UNE VOIX, au dehors.

La ci-devant comtesse de Rudentz.

ROSE, remontant.

Hein?

OLYMPE, à part.

Oh! Karl ne la retrouverait plus.

ROSE,

Je croyais avoir entendu...

OLYMPE, vivement.

Mon nom... oui... c'est moi qu'on appelle.

ROSE.

Toi!

OLYMPE.

Sans doute ! tu l'as dit toi-même pour une formalité à remplir.

ROSE.

Ah ! oui, et je vais te conduire.

OLYMPE.

Toi? non! non, Rose, reste au contraire, et si madame de Rudentz me demande... si elle s'inquiète... donne lui ce papier qui fait la vie sauve à la ci-devant comtesse. Jusqu'à mon retour ne la quitte pas... tu me le promets... songe qu'elle est mère à présent, elle m'a appelée sa fille.

ROSE.

Pauvre dame !... et tu dis qu'elle est...

OLYMPE.

Là, dans cette chambre.

RÓSE, qui a été voir.

Oui... je la vois... elle est à genoux.

LE GEOLIER, paraissant à droite.

La ci-devant comtesse de Rudentz.

OLYMPE, vivement, allant à lui.

C'est moi, monsieur, c'est moi ! (A part.) Je ne mens pas à cet homme : Comtesse de Rudentz devant Dieu, je puis l'être sur l'échafaud.

ROSE, inquiète, venant à elle.

Olympe ! on vient te chercher... je vais avec toi... je t'accompagne.

LE GEOLIER.

C'est impossible ?

OLYMPE.

Tu l'entends. (Au geolier en montrant sa sœur.) Laissez-moi l'embrasser... elle, pour tous ceux que j'aime.

Elle embrasse Rose.

ROSE.

Ma sœur... tu vas revenir tout de suite, n'est-ce pas?

OLYMPE.

Oui, oui... (A part.) Oh ! Karl, je te paie bien ton amour, je te rends ta mère.

SCÈNE VIII.

ROSE, puis ÉMILE, KARL, MICHEL.

ROSE.

C'est singulier ! je croyais que pour aller au greffe, elle ne pouvait pas se passer de ce cher petit papier là... on ne là croira pas comme ça sur parole. (Bruit au dehors.) Qu'est-ce que c'est que ce bruit là ! Oh! je le reconnais... c'est une voiture qui part. (S'asseyant.) Ce bruit là ne m'avait jamais fait autant de mal... il me semblait que les roues me passaient sur le cœur.

ÉMILE, entrant par le fond avec Karl et suivi de Michel.

Victoire, mon cousin, victoire ! je te le répète, le parti de Tallien l'emporte. (A Michel en lui montrant un papier.) Et voilà le décret de la Convention devant lequel toutes les chaînes doivent tomber, toutes les portes doivent s'ouvrir.

ROSE.

Est-ce, Dieu, possible !

MICHEL.

Ce décret-là arrive trop tard.

KARL.

Trop tard.

MICHEL.

Pour les malheureux condamnés ce matin.

ÉMILE.

Ah! la comtesse de Rudentz!

MICHEL.

Elle est partie.

KARL.

Partie... ma mère!...

SCENE IX.

Les Mêmes, LA COMTESSE, paraissant.

LA COMTESSE.

Tu m'appelles, mon fils.

KARL, courant à elle.

Ma mère... c'est bien toi... que je revois... que j'embrasse.

ÉMILE, à Michel.

Que nous disais-tu donc?

MICHEL.

Je dis qu'il ne manquait personne, et qu'une femme a répondu au nom de Rudentz.

ROSE, avec désespoir.

Oh! c'était Olympe.

Elle tombe dans les bras d'Émile.

TOUS.

Olympe!

ROSE.

Je comprends tout! elle a voulu mourir pour sa mère!

KARL.

Mourir... elle! Olympe... oh! non! je suis libre! (à Émile.) Par pitié, donnez-moi cet ordre. (Il le prend.) Dieu est juste... nous la sauverons.

Il s'élance au dehors.

TOUS, le suivant.

Nous la sauverons!

Huitième Tableau.

UN CARREFOUR.

Au changement, tout le monde aux portes, aux fenêtres, regarde avec anxiété vers la droite.— Des gendarmes sont au fond à droite à l'entrée d'une rue et repoussent la foule qui veut passer.— La Comtesse paraît au fond, à gauche, avec Michel et quelques personnes.

LA COMTESSE, aux bourgeois.

Mes amis, par grâce... Arriveront-ils assez à temps. (On entend à droite un grand cri.) Ah! trop tard! trop tard! (Quelques voix aux fenêtres.) Sauvée!... sauvée!...

LA FOULE.

La voilà! la voilà!

Olympe paraît, ramenée par Émile, Karl et suivie d'une foule de bourgeois. On bat des mains et on agite des mouchoirs.

LA COMTESSE.

Olympe!

OLYMPE.

Ma mère! je n'ai rien vu, rien entendu, que s'est-il donc passé?

ROSE.

Malgré mes cris, on ne voulait pas arrêter la voiture... alors, Saint-Phar s'est jeté au-devant du cheval, il a été renversé, foulé aux pieds, mais la voiture n'a plus avancé.

OLYMPE.

Mon père!

Saint-Phar paraît, soutenu par des bourgeois.

OLYMPE, courant à lui.

Mon père!

Tombant à genoux devant lui.

SAINT-PHAR.

Tu vois, mon enfant, quoique vieux, j'étais encore bon à quelque chose.

FIN.

Paris. — Imprimerie Morris et Comp., rue Amelot, 64.